Erick Beltrami Formaggio

Web Analytics

Uma abordagem à cultura de análise de dados nas empresas

Erick Beltrami Formaggio

Web Analytics

Uma abordagem à cultura de análise de dados nas empresas

DVS EDITORA

www.dvseditora.com.br
São Paulo, 2024

Web Analytics
Uma abordagem à cultura de análise de dados nas empresas

DVS Editora Ltda., 2024

Todos os direitos para a língua portuguesa reservados pela Editora.

Nenhuma parte deste livro poderá ser reproduzida, armazenada em sistema de recuperação, ou transmitida por qualquer meio, seja na forma eletrônica, mecânica, fotocopiada, gravada ou qualquer outra, sem a autorização por escrito dos autores e da Editora.

Revisão de Textos: Hellen Suzuki
Design de Capa, Projeto Gráfico e Diagramação: Bruno Ortega

```
      Dados Internacionais de Catalogação na Publicação (CIP)
            (Câmara Brasileira do Livro, SP, Brasil)

       Formaggio, Erick Beltrami
          Web analytics : uma abordagem à cultura de
       análise de dados nas empresas / Erick Beltrami
       Formaggio. -- 1. ed. -- São Paulo : DVS Editora,
       2024.

          Bibliografia.
          ISBN 978-65-5695-130-0

          1. Business intelligence 2. Dados - Análise
       3. WEB (Linguagem de programação) I. Título.

   24-227372                                    CDD-005.133
                  Índices para catálogo sistemático:

          1. WEB : Linguagem de programação : Computadores :
             Processamento de dados    005.133

          Aline Graziele Benitez - Bibliotecária - CRB-1/3129
```

Nota: Muito cuidado e técnica foram empregados na edição deste livro. No entanto, não estamos livres de pequenos erros de digitação, problemas na impressão ou de uma dúvida conceitual. Para qualquer uma dessas hipóteses solicitamos a comunicação ao nosso serviço de atendimento através do e-mail: atendimento@dvseditora.com.br. Só assim poderemos ajudar a esclarecer suas dúvidas.

SUMÁRIO

PREFÁCIO 8

INTRODUÇÃO 11
    Sophie vai nos ajudar nesta jornada 14

WEB ANALYTICS 17

PROJETOS E PROGRAMAS DE BI 24
    Plano de projeto 35
    Grupos de processos de um projeto de Web Analytics 36
    Abertura 36
    Elaboração e planejamento 42
    Execução 49
    Controle e monitoramento 52
    Encerramento 53
    Quando o projeto vira um programa? 54

DETERMINANDO INDICADORES 60
    Minha pirâmide de indicadores 63

FERRAMENTAS 84
    Google Analytics 90

ANÁLISE DA BUSCA ORGÂNICA 130
    Tipos de buscas 135
    Tráfego de pesquisa orgânica do Google 137
    A importância do engajamento 138

ANÁLISE DE CAMPANHAS 143
    URL Builder 149
    Quais as análises possíveis? 155

ANÁLISE DE REDES SOCIAIS 160
    O fato é que as redes sociais dominam nossa vida! 162
    Dados de redes sociais no Google Analytics 163
    Dados de redes sociais no Semrush 165
    Quais as análises possíveis? 171
    Social analytics no YouTube 175

ANÁLISE DE E-MAIL MARKETING 180
    Quais as análises possíveis? 188

VISUALIZAÇÃO DE DADOS 189
    Looker Studio: fazendo seu primeiro *dashboard* 196
    Gráficos 201

IA PARA ANÁLISE DE DADOS 214
    Niara 216
    Analisando posts de blog 216
    Identificando meu público 219
    Eu administro um e-commerce, como posso fazer? 222
    Análise de séries temporais 222
    Conclusão sobre IA para análise de dados 225

HABILIDADES NECESSÁRIAS
PARA ANALISTAS DE WEB ANALYTICS 226
    Entendimento de projetos e soluções de problemas 229
    Ferramentas 230

COMO SE MANTER ATUALIZADO 231
    Cursos online e vídeos educativos 233
    Podcasts 233
    Blogs, comunidades e fóruns 234
    Publicações acadêmicas 234
    Pesquisas e relatórios de apoio aos seus estudos 235

CONCLUSÕES 236

ANEXOS 240
    Indicadores para busca orgânica 241
    Indicadores para campanhas 242
    Indicadores para redes sociais 243
    Indicadores de e-mail marketing 244

REFERÊNCIAS 245

Para minha família: Nicolas, Lucca e Priscila.

Tudo é por vocês.

PREFÁCIO

Vivemos em uma época na qual a capacidade de entender e utilizar dados digitais é essencial para o sucesso de qualquer negócio. Ao longo dos anos, tive a oportunidade de testemunhar e participar do crescimento e evolução da análise de dados no Brasil, e é com grande entusiasmo que apresento este livro de Erick sobre Web Analytics e dados.

Esta obra é uma leitura indispensável para qualquer pessoa interessada em compreender melhor o mundo dos dados digitais, principalmente se você está iniciando nesse mundo. Erick oferece uma abordagem completa e acessível, com linguagem excelente (você verá quando conhecer a Sophie aqui no livro) e didática.

Ao ler este livro, senti como se estivesse conversando com um colega que entende os desafios e as oportunidades que enfrentamos no campo da Web Analytics. Seria um grande sonho, ao ter começado na área de analytics aos 16 anos, que tivesse um livro igual a este para eu devorar e entrar com o pé direito no mercado, mas, você que está lendo, tem essa honra, olha só que maneiro! Um livro brasileiro, sobre um tema tão importante e que vai te fazer entrar corretamente no dia a dia de Web Analytics.

Convido você a mergulhar nesta obra com a mente aberta e a curiosidade aguçada. Tenho certeza de que as lições e *insights* aqui compartilhados serão de grande valor para sua carreira e seus projetos. Aproveite ao máximo esta leitura e permita que ela amplie seus horizontes e fortaleça suas habilidades no maravilhoso mundo de Web Analytics.

Lembre-se: o mercado de marketing digital está em constante evolução, e mesmo o tema de digital analytics tendo mais de 15 anos, ele ainda é um adolescente e, igual a todo adolescente, está em constante desenvolvimento. Ao ler este livro, compreender e colocar em prática os ensinamentos aqui presentes, você vai minimamente entrar na fase adulta do marketing digital, sendo a fase de tomar decisões com menos achismo e mais dados!

O livro fará com que você compreenda desde o princípio tudo que é necessário para executar projetos que envolvam Web Analytics!

Desejo a todos uma excelente leitura e uma jornada repleta de aprendizado e inovação, e para te deixar ainda mais instigado e com vontade de ler o livro que tão carinhosa e didaticamente o Erick escreveu, deixo a seguinte frase:

> *"Pior do que não tomar decisão baseada em dados é tomar decisão baseada em dados errados!"*

Boa leitura.

Abraço,
Gustavo Esteves
Autor do livro Menos Achismo, Mais Dados.

INTRODUÇÃO

A internet possibilitou a muitos negócios vender seus produtos e serviços online e, com isso, estender as operações de suas empresas. Em alguns casos, elas não possuem sede física, existindo somente no mundo virtual.

Com a força da operação de vendas das empresas na internet, a preocupação com a coleta, processamento e análise de indicadores tornou-se crescente. Se antes os gestores se preocupavam em ter um site na internet, hoje a grande pergunta é o retorno de suas ações de marketing, que não acontecem somente no âmbito do site, mas, também, em redes sociais, e-mails, aplicativos e outros locais, nos quais é possível iniciar vendas e realizar transações online.

Hoje é necessário que existam meios de medição e análise para todas as fontes de tráfego e venda online, afinal, a análise desses números determina o rumo dos negócios. Duarte (2019, p. 22), afirma que:

> *"Os dados limitam-se a registrar o passado catalogando artefatos numéricos do que aconteceu. Buscar a verdade histórica é vital para uma boa tomada de decisão, e aqueles que trabalham com dados são, por natureza, ávidos pela verdade. Porém, conforme você ascende a posições de liderança, passa a gastar boa parte do tempo comunicando o estado futuro que outros precisam criar com você. Comunicar dados modela nossa verdade futura— nossos fatos futuros. Comunicá-los bem é crucial para moldar um futuro onde a humanidade e as organizações prosperem."*

Ainda é comum encontrar sistemas de captura de dados configurados incorretamente, analistas sem o treinamento necessário para interpretar indicadores de performance e, assim, tomarem decisões importantes para o negócio. Pior que não tomar decisões, é tomar decisões com base em números errados.

Em uma pesquisa[1] recente que fiz, notei que a dificuldade em integrar dados de várias fontes (55,3%) e a falta de expertise técnica para interpretar os dados corretamente (44,7%) são os maiores desafios enfrentados por analistas.

---

1   Disponível em: *https://diariodacienciadedados.com.br/dados-para-tomar-decisoes-2024/*.

Algumas organizações ainda passam por isso, em virtude da falta de uma cultura de dados, bem como pela dificuldade em implantar processos, modelos e práticas que atendam a esse objetivo. Segundo a mesma pesquisa que citei, entre os maiores obstáculos que as empresas enfrentam ao implementar estratégias baseadas em dados, estão: a dificuldade em integrar sistemas de informação e tecnologias existentes (41,5%), a escassez de habilidades analíticas entre os membros da equipe (38,3%) e a falta de recursos financeiros para investir em tecnologias de análise de dados (37,2%).

No artigo resultado dessa pesquisa, afirmo que apesar de muitos desafios, há um reconhecimento crescente da importância dos dados de Web Analytics para a tomada de decisões empresariais. Empresas que investem em ferramentas avançadas e desenvolvimento de habilidades analíticas estão mais bem posicionadas para aproveitar os benefícios dessa prática. Nesse sentido, é importante para as empresas e profissionais:

1. **Investir em capacitação:** Promover treinamentos e capacitações para equipes, visando aprimorar habilidades analíticas;

2. **Integrar ferramentas:** Buscar soluções que integrem diversas fontes de dados, facilitando a análise integrada;

3. **Aprimorar a qualidade dos dados:** Focar a melhoria da qualidade e consistência dos dados coletados;

4. **Adotar IA:** Explorar o uso de inteligência artificial para otimizar a análise e interpretação dos dados.

Sendo assim, o objetivo deste livro é mostrar como pode ser realizado um projeto de implantação de Web Analytics – análise dos dados gerados por um negócio na internet. Além disso, abordar as principais formas de captação de dados, em que áreas eles podem ser usados de modo a trazer vantagem competitiva para empresas e organizações, considerando uma cultura que vai promover que decisões sejam baseadas em dados.

Sophie vai nos ajudar nesta jornada

Para isso, usarei uma personagem, a Sophie, uma profissional de Web Analytics em ascensão na carreira, que foi escolhida para implantar a cultura de dados no setor de e-commerce de uma empresa de venda de equipamentos para PC, chamada PC Gamers Fantásticos.

A PC Gamers Fantásticos, localizada em São Paulo, vende peças e equipamentos para entusiastas de jogos online que precisam de bons aparelhos para seus momentos de diversão e até trabalho, visto que alguns dos clientes jogam profissionalmente.

O e-commerce, de bastante sucesso no Brasil, foi adquirido recentemente por um grupo de investidores, com foco em empresas de vendas e distribuição de periféricos, eletrônicos etc. Os investidores entenderam que, embora as vendas do e-commerce tenham crescido muito, seu CEO, Willie, precisa de alguém para ajudá-lo a entender os números do e-commerce, concorrentes, entre outros dados de mercado, para poder direcionar melhor as vendas online, bem como campanhas, ações em redes sociais etc.

Sophie trabalhava em outra empresa, do ramo de moda, onde ganhava um bom salário e já tinha uma posição consolidada de sucesso como analista de *Business Intelligence*. Ela trabalhava lá há três anos. Ficou insegura em pedir demissão da antiga empresa para esse novo desafio, pois embora a proposta de remuneração fosse maior, teria que assumir o cargo de gerente de inteligência. A ideia dos investidores é que Sophie entre para ser a liderança dos dados. Ela começará prioritariamente pelo e-commerce, pois embora estejam com ótimas vendas, percebem que a competição aumenta cada vez mais e a análise dos números pode melhorar, direcionando para estratégias mais efetivas.

Sophie fora abordada através do LinkedIn por Marcos – um dos sócios do fundo de investimento que havia comprado a PC Gamers Fantásticos –, quando recebeu o convite para entrevista. Após pensar bastante e conversar com amigos e familiares, nossa heroína decidiu embarcar no desafio. A ideia do executivo é que ela faça a implantação de processos e ensine a organização a tomar decisões com base em dados, em todos os seus âmbitos, mas, como dito anteriormente, começando pelo e-commerce.

Sendo assim, por meio do livro, vou dar alguns exemplos baseados na história que Sophie está vivenciando, para ajudar a ilustrar na cabeça do leitor os respectivos cenários.

Nesse processo, nós e nossa personagem principal teremos alguns desafios:

- Inicialmente, vou explicar o que é Web Analytics e como pode ajudar os negócios. De que modo a nossa personagem poderá utilizar este conceito para direcionar o crescimento do negócio e, através dos dados, ajudar o CEO da empresa a tomar decisões com base em informações consolidadas;

- Antes de tudo, Sophie precisará implantar um projeto, considerando que hoje, embora o e-commerce já capte todos os dados através de sistemas de Web Analytics e do próprio site, não existem processos de análise e tomada de decisões;

- No trabalho de implantação de um projeto, com processos e práticas, dentro da organização, ela deverá determinar os indicadores para o negócio online. Dessa forma, será mostrado como funciona esse trabalho e como ele pode ser realizado;

- Posteriormente, vou falar bastante sobre ferramentas de Web Analytics que serão utilizadas para captar e analisar os números, principalmente o Google Analytics, já que é uma das ferramentas mais utilizadas no mundo e servirá como base para que sejam captadas algumas das principais métricas do site;

- Também vou explicar sobre as origens de tráfego mais importantes, como é possível encontrar dados de busca orgânica, realizar análises de campanhas, redes sociais e e-mail. Como é viável encontrar informações relevantes sobre de onde estão vindo seus clientes, quais as origens de tráfego que estão trazendo mais receita, além de entender se as campanhas veiculadas estão dando certo.

- Nos últimos capítulos vou abordar sobre visualização de dados e dashboards[2] necessários para uma operação de Web Analytics. Além disso, como você pode utilizar a IA para análise de dados e quais as habilidades necessárias que um analista precisa desenvolver para trabalhar com análise de dados;

- Por fim, termino com algumas dicas e sugestões para que você se mantenha atualizado.

Espero que o livro ajude você, que está iniciando na atividade ou enfrentando desafios na profissão, a implantar uma cultura de dados na empresa em que está trabalhando ou ainda para um cliente, bem como a abrir diversos caminhos para uma carreira brilhante.

---

2 *Dashboards* são painéis que mostram dados importantes de forma visual e clara, usando gráficos e tabelas, para ajudar na tomada de decisões.

WEB ANALYTICS

No primeiro dia, Sophie chegou bem cedo ao trabalho. Ela normalmente acordava cedo, mas tratava-se de uma ocasião especial. Estava ansiosa para começar e ainda tinha certo receio de ter feito a escolha errada para sua carreira. Abriu mão da sua zona de conforto, então sabia que teria que conhecer novas pessoas, enfrentar uma cultura organizacional diferente e trabalhar muito. Mas, por outro lado, o que animava a jovem era a oportunidade de embarcar em um projeto novo, em uma área pela qual é completamente apaixonada, o campo de Web Analytics.

Por muitas vezes, o termo Web Analytics foi utilizado (e ainda é) no mercado brasileiro. Ele trata do processo de coleta, processamento e análise de dados oriundos da web. Além disso, é mencionado quando se trata da elaboração de relatórios e *dashboards*.

Nos primórdios da internet, esse processo era realizado através de logs[3], onde os analistas dependiam de contagens e cálculos deles para entendimento de comportamento dos usuários.

Hoje, já contamos com tecnologias como tags, cookies[4] e pixels, entre outras tecnologias, levando os dados para plataformas como o Google Analytics, que contém as automações e funções necessárias destinadas a facilitar a análise de dados.

Eu me interessei por essa área no início da minha carreira, quando desenvolvia websites e fazia a contabilização de hits[5] através de servidores.

---

3   Registros de eventos em um sistema. Geralmente, são em formato texto. Cada linha possui hora, nome do agente, que pode ser artificial ou humano, e alguma mensagem sobre o acontecido ou características do fato.

4   Muitos profissionais afirmam que os cookies vão "morrer" por várias razões, muitas delas relacionadas a questões de privacidade e mudanças regulatórias.

5   Hits de servidores são solicitações feitas a um servidor para carregar arquivos como páginas e imagens, medindo o tráfego e a carga do servidor.

Não havia muita tecnologia disponível na época, o que existia era excessivamente caro, então, para mostrar o trabalho que eu fazia, dependia bastante de informações oriundas de sistemas de logs.

Podemos entender que o trabalho de Web Analytics é o de utilizar ferramentas que privilegiam a captação, o processamento e a análise de dados da internet, transformando seus estudos em relatórios que possam servir para a tomada de decisões.

Trata-se de uma profissão que pode remunerar muito bem os analistas da área, ao contar com vasta gama de oportunidades de crescimento.

O profissional de Web Analytics também pode ser chamado de Analista de BI (*Business Intelligence*) em algumas oportunidades possíveis de serem encontradas no mercado, mas é importante entender que há algumas diferenças entre ambos. A nomenclatura Analista de BI é mais ampla e pode ser empregada como terminologia em outros cargos, que não a web, a exemplo do Cientista de Dados ou do Engenheiro de Dados.

Na Web Analytics, o Analista de BI terá como foco avaliar os dados vindos da web, ou seja, é um profissional especializado em estudar esses números do site, redes sociais e aplicativos, entre outras fontes de dados da internet, e, com isso, obter *insights* perante campanhas e resultados.

O Engenheiro de Dados toma decisões acerca da estrutura de bancos de dados e tecnologias responsáveis pela sua manutenção. Este profissional também se envolve no desenvolvimento de sistemas, afinal, ele pode ajudar a elaborar como o sistema enviará os dados para armazenamento, além de políticas e processos para o tratamento.

O Cientista de Dados tem conhecimentos em estatística e programação[6] e sabe trabalhar com quantidades massivas de dados. Através de seus programas, consegue garimpar informações significativas para uma análise minuciosa dos dados e, com a ajuda da estatística, realizar análises exploratórias e preditivas.

---

6   Do que se vê no mercado, geralmente são programadores, especializados em linguagens como Python ou R, com conhecimento avançado em estatística, mas não necessariamente com formação nessa área. Geralmente, são bacharéis ou tecnólogos formados na área de tecnologia, mas isso não é uma regra.

Como os dados da Web podem trazer vantagem competitiva para os negócios?

Os números são importantes para a tomada de decisões, e com toda a disponibilidade de dados e ferramentas existentes, os projetos e programas de Web Analytics podem colaborar para que os negócios tenham vantagem competitiva através de *insights* oriundos de oportunidades que diferenciem um negócio de seus concorrentes. Segundo Michael E. Porter (1985), um dos maiores autores sobre vantagem competitiva:

> *"Vantagem competitiva é a capacidade de uma empresa realizar atividades de maneira melhor ou diferente de seus concorrentes."*

Essa diferenciação, quando o custo da mudança é baixo, ou seja, o ato de fechar um site e abrir outro é simples, é o que faz toda a diferença.

Esse é o maior motivo, pensando no caso da PC Gamers Fantásticos, da preocupação dos investidores em contratar alguém que transforme os dados da empresa em valor para o negócio. Eles esperam que Sophie: descubra regiões de interesse onde a competição seja menor; elabore um planejamento, com base em dados, de campanhas de produtos para determinados públicos de interesse que ainda não foram explorados pelos concorrentes; além de outras ações que os diferenciem dos concorrentes de alguma forma. Esses são exemplos de como os números podem colaborar para a tomada de decisões.

Lembro-me de uma vez que, ao analisar os dados de tráfego de um cliente, um calçadista, descobrimos que na época (hoje ainda talvez aconteça a mesma coisa) havia uma grande procura dentro do seu site por sapatos e cintos, a partir da cidade de Brasília. O e-commerce, tinha algumas campanhas para todo o Brasil, mas nada específico para aquela região.

Quando notamos essa oportunidade, percebemos que um grande concorrente não "atacava" aquela região[7]. Depois de mais algumas análises e planejamentos, fizemos algumas campanhas exclusivas para aquele local e, nos meses seguintes, aumentamos significativamente a receita do e-commerce. Ou seja, a análise da busca do site, aliada aos números relacionados com a geolocalização dos usuários, nos ajudou a ter vantagem competitiva frente ao concorrente.

Web Analytics colabora frequentemente para casos como esse, nos quais é possível realizar um estudo dos números e perceber tendências, locais, horários e dias da semana.

Em outro cliente que trabalhei anos atrás, notamos, através do Google Analytics, que suas vendas se concentravam sempre na primeira quinzena do mês e que ele vendia mais em determinadas cidades do seu estado. Só que as suas campanhas não possuíam gatilhos de aumento de lances por cidades, programações de dias, horários etc. Ele trabalhava com a mesma verba, lance e estratégia para todo o estado (onde a marca era bem conhecida).

O que acontecia com esse e-commerce? A verba diária da campanha era a mesma para todos os dias do mês, mas ele tinha abundância de vendas somente até o dia 15, depois elas diminuíam significativamente. Notem, as campanhas corriam até o fim do mês com a mesma verba diária.

Quando eu disse ao cliente para concentrarmos toda a verba de campanhas para o início do mês, ele quase infartou. Mas meu argumento principal era que: se 70% da meta do e-commerce era atingida na primeira metade do período e depois nunca alcançava a meta até o fim do mês, o que ele preferia? Cumprir a meta mensal aumentando

---

[7] Algo importante é sempre, na busca de oportunidades, analisar o que a concorrência está fazendo. Não que seja a melhor estratégia do mundo fazer o que ela esteja fazendo, não é isso. Essa análise tem como objetivo entender quais são as áreas de maior ou menor competição.. Muitas vezes você pode descobrir locais onde seus concorrentes não estão, mas a busca por produtos é baixa. No entanto, é possível encontrar locais com alta demanda pelos seus produtos, onde há baixa competição.

suas vendas no início do mês e atingindo o ROI[8] desejado para as campanhas ou continuar sem atingir seus objetivos?

No caso acima, a simples leitura dos dados oriundos do site e do Google Analytics do cliente, combinada com algumas hipóteses geradas e um rápido ensaio com cenários, possibilitou que alguns testes fossem feitos na campanha. Esse trabalho resultou no aumento de faturamento do site e atingimento de metas.

O leitor deve ter notado que já mencionei algumas vezes o Google Analytics, que é uma das ferramentas de Web Analytics mais utilizadas no mundo e será, além de um ponto de partida, bastante mencionada neste livro, embora não seja a única ferramenta usada.

Na pesquisa que fiz (citada anteriormente) notei que 90,4% dos profissionais entrevistados utilizam o Google Analytics.

Acontece que, por ser uma das ferramentas mais utilizadas no mundo, será comum, principalmente em trabalhos de Web Analytics no Brasil, o leitor encontrar ela frequentemente como solução adotada por seus clientes. Sendo assim, ela aparecerá em boa parte dos exemplos, casos e ensinamentos. Inclusive, foi uma das primeiras ferramentas que Sophie pediu acesso quando começou no seu novo desafio:

> Depois de fazer o *onboarding* na PC Gamers Fantásticos, Sophie conheceu Willie, CEO da empresa. Eles tomaram um café no refeitório da empresa e foram dar uma volta para conhecer as instalações. A nova colaboradora perguntou ao seu colega se ele acompanhava os números do site da empresa, das campanhas, com alguma frequência. Willie comentou que não tinha o hábito de olhar para resultados de campanhas todos os dias, que dava mais atenção para o resultado de vendas, recebia um relatório mensal em uma planilha, na qual verificava os resultados. Sophie entendeu que ele talvez não tivesse muita visibilidade de resultados de campanhas, embora soubesse os dados de vendas, produtos mais vendidos, receitas etc.

---

8   ROI: Return of investment, ou, retorno do investimento; vou falar bastante sobre ele em diversas partes do livro.

Continuando a caminhada, chegaram à sala do gerente do e-commerce, Paulo. Depois de conversarem por alguns minutos, o gestor prometeu dar acesso para Sophie ao Google Analytics do e-commerce e a algumas planilhas com relatórios, uma vez que eles não tinham *dashboards* de acompanhamentos. Ele chegou a mostrar para Sophie algumas das planilhas que tinha. Ela achou interessante que ele reunisse alguns dados nas planilhas e logo pensou que pudesse, futuramente, entender melhor esses dados e montar *dashboards* de visualização que ajudassem na tomada de decisão.

Embora o Google Analytics seja um ponto-chave, existem outras ferramentas que colaboram para a análise de dados da web, que vou abordar constantemente nos capítulos a seguir, como:

- **Looker Studio**: uma excelente ferramenta para visualização de dados, que pode ser usada para integrar boa parte dos dados de sistemas de marketing online e assim ter esses dados em um só lugar;

- **Reportei**: para criação de relatórios, que gosto de utilizar para conexão com dados de redes sociais, principalmente;

- **Google Search Console**: que ajuda os administradores de sites a observarem dados de busca orgânica. É uma das mais importantes quando se trata dessa origem de tráfego, e suas métricas são frequentemente usadas em relatórios de performance de marketing online; e

- **Semrush**: é uma ferramenta que congrega uma série de funcionalidades que colaboram com o dia a dia do analista. Inicialmente, foi muito utilizada como ferramenta para SEO, contudo, hoje ela também possui soluções para redes sociais, busca paga, além de outras funcionalidades. Gosto das análises que ela faz quando se trata de números de campanhas, concorrentes e mercado.

Contudo, não ficarei preso a essas ferramentas (nem a Sophie). Em alguns casos, certamente citarei outras soluções e até alternativas. Mas, mesmo antes de ferramentas, é importante entender que elas servem para ajudar no trabalho, agilizar e tornar mais eficiente o dia a dia, todavia, sem processos organizados através de programas e projetos, nada funcionará da maneira desejada.

PROJETOS E PROGRAMAS DE BI

Após conhecer a empresa, suas instalações e alguns colegas, Sophie teve acesso à sua estação de trabalho, onde terminou seu *onboarding*. Depois disso, recebeu o acesso do Google Analytics do e-commerce e começou a se ambientar com algumas estatísticas . Ao olhar para os números, ela notou de cara algumas características que chamaram sua atenção; a principal delas era que eles investem muito dinheiro com campanhas pagas, mas têm poucas visitas oriundas de e-mails. Olhando para mais alguns dados, ela criou sua primeira hipótese, de que eles trabalham pouco para fazer com que os clientes comprem novamente ou mesmo voltem ao site. Sophie tem aqui sua primeira suspeita a ser comprovada posteriormente. Ela sabe que ainda tem um bom caminho para percorrer, afinal, precisa organizar um projeto para que a organização se torne direcionada aos dados.

O caso hipotético de Sophie, que estamos estudando, no qual uma analista de dados entra em uma organização que não toma decisões totalmente baseadas nos dados, não é incomum, mesmo para os dias atuais. No meu caso, com base na experiência de centenas de projetos em que participei, já vi isso, principalmente em empresas que gastam bastante para formar sua base de compradores e não aproveitam isso posteriormente, através de jornadas e táticas para impactar novamente esses clientes. Exatamente porque não olham para os dados com uma visão crítica, não notam isso. Muitas organizações ainda possuem dificuldade de trabalhar com os dados, por diversos motivos:

- Falta de entendimento de processos de análise de dados;

- Não conhecimento de ferramentas e tecnologias;

- Não entendem a importância de se basear nos dados para a tomada de decisão; e

- Administração focada na opinião.

Quando eu digo que existem organizações com dificuldades nesse aspecto, não quero dizer que essas empresas não olham para dado nenhum. Não é isso. Até porque, para se ter uma empresa, é necessário que pelo menos números financeiros e questões contábeis sejam analisadas. Me refiro ao fato de essas empresas focarem suas análises dos números somente na parte administrativa, esquecendo que o marketing, RH e outros departamentos também podem se beneficiar dessas informações.

O benefício da análise dos números, na minha opinião, vem da implantação de uma cultura corporativa, que privilegia processos e procedimentos, além de toda uma educação da equipe. As empresas com mais sucesso que conheci tinham em seu DNA a análise dos dados embutida no pensamento de todos os colaboradores, desde o estagiário até o CEO da empresa.

No nosso caso hipotético, para ajudar a conceituar o Web Analytics de forma didática (e para privilegiar o recorte do tema "análise de dados para web"), nossa personagem vai começar a implantar a cultura de dados pelo e-commerce da empresa, mas isso não significa que um projeto como esse não possa ter aspectos mais amplos.

A análise de dados para web precisa de processo, metodologia e disciplina. Vale lembrar que a estatística e suas ferramentas mostram a história de um negócio e, através de suas análises, tendências consideráveis do que pode acontecer.

A minha recomendação é que você tenha sempre um planejamento em conjunto com o passo a passo das coisas. Não precisa ser o planejamento mais completo do mundo, mas tenha um plano, isso é essencial. Como dizia Abraham Lincoln:

> *"Se eu tivesse oito horas para cortar uma árvore, passaria seis horas afiando meu machado."*

Essa citação destaca a importância da preparação antes de executar uma tarefa. Sendo assim, escrevendo as etapas, realizando essa organização que vai guiá-lo do início ao fim, ou a uma fase cíclica de um programa, você terá uma visão clara de seu planejamento. Por isso, o primeiro desafio da Sophie será montar um projeto, começando pela implantação de uma cultura de dados e, posteriormente, um programa cíclico, para que as pessoas continuem analisando os dados oriundos da web, maior fonte de receita do negócio.

Qual a diferença entre programa e projeto?

Projeto é algo com início, meio e fim. Sendo assim, quando uma empresa vai começar seus esforços de *Business Intelligence*, ela pode elaborar um projeto para a implantação de rotinas de análise de dados na cultura da empresa, através de processos e procedimentos. Nesse projeto, será contemplada a implantação de ferramentas, uma análise, bem como outros estudos. O projeto é concluído quando a elaboração dos processos, procedimentos, instalação de ferramentas e desenvolvimento de *dashboards* são finalizados. As pessoas já entendem o que precisam fazer a partir de agora. Aí, começa o programa.

Um exemplo de planejamento que faço com base em algumas disciplinas conhecidas de projeto:

Equipe – mostre qual será a equipe que terá contato com o cliente, quais as suas responsabilidades e interações no projeto ou programa de Web Analytics. É importante nomear responsáveis para determinados grupos de tarefas em cada fase de um projeto, assim, o cliente saberá com quem deve falar, e os membros do time não ficarão confusos com suas atribuições. Essa equipe pode conter membros dos dois lados, do cliente e do fornecedor. Depois, esse time pode se tornar um comitê de inteligência que fará a ponte com times de governança de dados, board de executivos, dentre outros, na fase de programa.

No caso da PC Gamers Fantásticos, a Sophie terá como cliente a própria organização em que está trabalhando. Nessa situação, ela precisará de um tempo para identificar os principais *stakeholders*, que são as partes afetadas pelos desdobramentos do projeto. Eles são todos os que possuem interesse no empreendimento que será executado. Podem ser internos, como: acionistas, colaboradores, gestores, entre outros atores. Também podem ser externos, ou seja, que estão fora da organização, como: clientes, fornecedores e demais envolvidos. Um ponto a se destacar é que o gerente do projeto tem influência direta nos *stakeholders* internos, mas pouca influência nos externos.

Esses atores têm o poder de influenciar o projeto e determinar caminhos de sucesso, por isso, ao implantar um projeto de Web Analytics, é importante que o analista, que fará o papel de gerente do projeto, faça um gerenciamento dos *stakeholders*, entendendo seu poder de influência na organização, bem como seu interesse no projeto. Ou seja, quanto maior o poder e o interesse em um projeto por parte de um *stakeholder*, maior será seu nível de influência no trabalho que será realizado.

Para exemplificar, no caso da PC Gamers Fantásticos, Sophie tem dois interessados nesse projeto, com muita influência dentro da organização: Willie (CEO) e Marcos (sócio do fundo de investimento). Sabendo disso, uma das coisas que ela já colocou no **plano de projeto** é um relatório mensal da evolução do empreendimento, além de um bate-papo semanal, para um status rápido, que ela decidiu que pode ser um e-mail, com as últimas ações e as próximas.

Pela minha experiência em diversos projetos, o que percebo é que a gestão dos *stakeholders* é uma das ações mais relevantes. A aproximação política (no sentido de construir uma aliança) e informativa é vital para que o empreendimento tenha sucesso. Em casos que envolvem uma cultura de dados, principalmente, você precisa, a todo momento, doutrinar os interessados a sempre observarem os dados, dentro do **escopo** de interesse de todo o empreendimento.

Escopo – quais são os limites do projeto? Qual o seu objetivo? Isso é algo significativo de se documentar para existir um controle do que foi vendido, bem como a expectativa dos *stakeholders* do projeto. Isso ajuda a reduzir conflitos e determinar quais são os objetivos. Minha recomendação é que você tenha objetivos claros, sempre. Geralmente, gosto de trabalhar com objetivos primários e secundários. Por exemplo, ao tratar-se de um projeto de implantação de Web Analytics para uma empresa, como no caso da PC Gamers Fantásticos, certamente o objetivo primário será algo como: *implantar ferramentas e processos que possibilitem à empresa mensurar seus indicadores de performance dos seus canais de venda na internet, possibilitando a utilização dos dados para a tomada de decisão.*

Podemos ter objetivos secundários: *treinamento de funcionários para que possam se ambientar aos processos e ferramentas implantados; instalação do Google Analytics; configuração de dashboards etc.* Ou seja, se em algum momento aparecer uma demanda, como: "é possível nos enviar um relatório do que os meus concorrentes estão fazendo?" – isso não faz parte do escopo[9], pelo menos, não naquele momento.

---

9   Aqui trata-se somente de um exemplo, afinal, o estudo de concorrentes é algo fundamental em um trabalho de Web Analytics.

Caso seja imprescindível, a Sophie pode colocar isso no escopo, mas é preciso entender que, depois que o escopo é fechado, é importante que seja realizado um processo de gestão da mudança, para não serem feitas alterações no projeto a todo momento. Isso significa que o escopo é riscado na pedra? Lógico que não, mas a cada mudança no escopo, deve-se voltar ao planejamento, e isso impactará em prazo, recursos etc. Por isso, muitas vezes, caso o novo requisito não esteja no escopo e não seja algo essencial, compensa tratá-lo como uma melhoria posterior. Cabe uma avaliação caso a caso e uma boa **comunicação** para avisar toda a equipe sobre as mudanças.

Plano de comunicação – estabeleça sempre um plano de comunicação com o cliente, onde você irá definir a periodicidade de reuniões, por onde vão se comunicar e quais as regras para o tempo de resposta. Esse último item é bem importante. Eu já vivi casos em projetos que as pessoas envolvidas tinham ritmos de trabalho diferentes. E essa situação pode ser um desafio. Principalmente, em um mundo globalizado, pós-pandemia, onde muitas empresas possuem funcionários trabalhando em cidades diferentes, às vezes, em outros países , e com fusos horários diferentes, a comunicação pode se tornar um problema. Considere que, em casos de projetos de BI, métricas e indicadores podem mudar de cultura para cultura. Assim, estabeleça um bom plano de comunicação, de modo que ela seja padronizada, através de ferramentas, documentações etc.

Um caso que eu vivi certa vez em um grupo de projeto que falava sobre indicadores de mídia paga: uma parte da equipe se comunicava pelo WhatsApp com o cliente; a outra, através de e-mails. Isso é muito ruim, até porque muitas vezes os membros da equipe utilizam o WhatsApp pessoal para a comunicação. Se esse membro da equipe sair da empresa, perde-se parte da documentação. Recomendo que o plano de comunicação seja feito sempre após a definição dos *stakeholders* internos, externos e seus respectivos níveis de influência no projeto. Por que digo isso? Pois de alguns deles, principalmente aqueles mais influentes, é interessante que o analista faça uma gestão mais próxima, e isso impactará no plano de comunicação. No caso da Sophie, ela montou um plano de comunicação da seguinte forma[10]:

---

10 Lembre-se de que se trata de um caso hipotético, sendo assim, adapte à sua realidade.

STAKEHOLDER	INFLUÊNCIA	PERIODICIDADE	COMO OCORRERÁ
Willie e Marcos	Alta	Semanal e mensal	Semanalmente serão enviados relatórios rápidos por e-mail (com o que ocorreu na última semana e os próximos passos). Caso seja possível, Sophie vai se encontrar com os executivos, para falar sobre, pessoalmente. **Mensalmente será apresentado, pessoalmente, um relatório mais completo com dados de marketing digital** e a evolução do projeto, bem como algumas análises de dados da organização.
Gerente de e-commerce	Média	Diária	Diariamente serão realizadas conversas para o entendimento de todo funcionamento do e-commerce, indicadores já utilizados, como são tomadas as decisões. Essas conversas serão gravadas, entrevistas de 1 hora. Serão geradas atas resumidas, que posteriormente serão compartilhadas com Willie e Marcos, por e-mail. **Semanalmente serão discutidos números da operação.**
Colegas da equipe de e-commerce	Baixa	Diária	Diariamente vai interagir com a equipe pelo sistema de mensagens internas e e-mail. *Insights* oriundos dessas conversas serão enviados ao gerente de e-commerce, Willie e Marcos. **Diariamente serão discutidos números da organização.**

Note que, como os executivos da empresa, Willie e Marcos, possuem uma alta influência no projeto, Sophie vai manter um contato com eles, não só nas atividades que os envolvem, mas ao fornecer informações sobre as reuniões com o gerente de e-commerce e colegas de equipe. Também fará o possível para passar informações pessoalmente.

Depois da pandemia, ficaram mais comuns as reuniões via conferência, afinal, a situação nos adaptou a esse modelo. Contudo, digo com segurança, não há nada melhor que o "olho no olho". Seres humanos são seres sociais e, além disso, a comunicação da nossa espécie acontece de forma verbal e não verbal, ou seja, através de diversos sinais: gestos, expressões, posições corporais etc. Ter todo o plano de comunicação de seu projeto de Web Analytics focado na interação online pode fazer você perder a chance de se aproximar de seus colegas e obter informações valiosas. Inclusive, isso é algo que eu comento: **o analista precisa sair detrás das máquinas**!

É lógico que nós buscamos dados para tomar decisões, mas o conhecimento empírico e a visão das pessoas sobre os dados pode ser entendida muito mais em um bate-papo informal tomando um café. Digo isso por experiência própria.

Os maiores conflitos que tive na minha carreira, resolvi sentado em volta de uma mesa com quem eu tinha de resolver algo, pessoalmente, conversando amigavelmente, propondo ideias e soluções. Por isso recomendo que seu plano de comunicação utilize as ferramentas online, mensageiros, e-mails, ligações etc., mas considere no mínimo uma reunião mensal, presencial, pelo menos com os *stakeholders* de maior influência no projeto. Principalmente em projetos de *Business Intelligence*, focados em Web Analytics, o presencial é essencial, pois estamos falando de temas que muitas pessoas na empresa podem não entender, não ter a habilidade necessária, o que pode trazer um risco para o empreendimento.

Gestão de riscos – riscos fazem parte de qualquer atividade profissional. Existe o risco do negócio, do projeto, de uma atividade. Ele está presente em diversas áreas da nossa vida. Embora alguns possam não dar a devida atenção ou até importância, projetos de *Business Intelligence* podem ter riscos altos. Imagine, por exemplo, um executivo que recebe dados financeiros sobre sua operação de um produto específico, que mostram que ela é viável pelo preço de venda que estão praticando. Ou seja, o valor de venda de um lote de produtos sustenta os parâmetros financeiros de impostos, custo de operação, entre outras obrigações, e ainda dá lucro. Esse executivo pode descobrir depois que sua operação dá prejuízo e levar a empresa à falência! Isso é muito perigoso. Entende agora o impacto de um indicador enviesado? Sendo assim, riscos como esses devem ser sempre administrados, em qualquer projeto.

Pense em uma série de possíveis riscos, incluindo a possibilidade de as pessoas estarem tomando decisões com os números errados, a falta de conhecimento e habilidade com ferramentas de análise, entre outros; e faça o gerenciamento deles desde o início. Contudo, você pode no percurso do projeto descobrir outros riscos que não estava considerando. A tabela de mitigação de riscos não é definitiva; constantemente ela sofrerá mudanças de acordo com a realidade do que acontece no projeto. Ela estará viva, sempre!

Em um projeto de *Business Intelligence* que eu estava implantando, descobri um problema que envolvia privacidade de dados. Esse problema não estava na tabela de riscos, uma vez que eu ainda não conhecia todas as particularidades do negócio. A partir de então, ele foi para ela e, consequentemente, foi resolvido até o fim da implantação dos processos e ferramentas.

RISCO	QUANDO PODE OCORRER?	QUAL IMPACTO?	PLANO DE MITIGAÇÃO	STATUS
Processo por quebra de privacidade	A qualquer momento	Financeiro Imagem da empresa	Programa de treinamentos Políticas	Administrado
Vazamento de dados	A qualquer momento	Financeiro Imagem da empresa Operacional (pode impedir as operações)	Consultoria externa	Ativo

Exemplo de tabela de gestão de riscos.

Note que na tabela eu me preocupo em descrever qual o risco, quando ele pode ocorrer, seus impactos e o que será feito para que ele não aconteça (plano de mitigação). Além disso, mantenho um status que podem ser três: **ativo**, o risco existe e pode acontecer, pois ainda não foi tratado; **administrado**, foram tomadas medidas para que ele não se concretize, há um plano de mitigação e administração dos eventos; **em análise**, ainda estão sendo realizados estudos para mitigar o risco existente. Essa tabela deve ser revisitada sempre que as **atividades do cronograma** se movimentam, principalmente porque alguns riscos podem estar relacionados a determinadas tarefas do projeto.

Cronograma – talvez um dos pontos mais imprescindíveis para o cliente, afinal, ele tem interesse grande em usufruir do resultado desse projeto. Quem nunca passou pela situação de, em uma reunião de *kickoff* [11], o cliente questionar: "Quando fica pronto?". É uma ansiedade-padrão, e quanto mais difícil for mostrar o ROI do projeto, maior será a ansiedade do cliente. Para diminuir esse sentimento, você pode dividir o projeto em fases, e, em cada uma delas, haverá tarefas e algum objetivo principal.

Imagine um projeto de implantação de Web Analytics, certamente haverá objetivos relevantes, como: instalação do Google Analytics e outras ferramentas; elaboração de relatórios-padrão; treinamento (objetivos secundários, que levam ao principal). Esses itens podem fazer parte de fases diferentes do projeto e serem organizados em um cronograma com datas e alguns compromissos.

Entenda que, na prática, a gestão de projetos acaba sendo mais sobre organizar e gerenciar expectativas das partes. Principalmente, a ansiedade do cliente. A apresentação de um documento, como um plano de projeto na reunião de *kickoff*, já mostra alguma organização e colabora para a gestão de expectativas dos *stakeholders*. Considere, nesse plano de projeto, as possíveis **aquisições** a serem realizadas.

---

11 Reunião de *kickoff*, geralmente, é o encontro de estreia do projeto, quando as equipes (fornecedor e cliente) se encontram para as tratativas iniciais, discussões dos detalhes e, muitas vezes, apresentação do plano de projeto.

Orçamento e aquisições – alguns projetos podem contar com recursos internos e externos, isso é algo comum, por exemplo: um projeto de implantação de uma ferramenta de Web Analytics, como o Google Analytics 4, pode precisar de um fornecedor para realizar a instalação da ferramenta no site da empresa, a fim de que os analistas possam obter os dados e estudá-los. Um outro exemplo, no nosso caso hipotético: Sophie pode querer contratar um banco de dados, como o Big Query, para reunir as informações dos diversos sistemas que a empresa opera e assim utilizá-lo como uma espécie de *Data Warehouse*[12].

A contratação de um fornecedor ou a assinatura de um serviço de banco de dados serão compromissos importantes, que precisam ser considerados no plano de aquisições do projeto. Alguns projetos são cancelados no meio, depois de já serem iniciados e despenderem tempo e dinheiro, pois não foram previstos nos custos essenciais e, assim, acabam sendo cancelados por estouro no orçamento. Se você procurar, vai encontrar diversos exemplos do tipo, sobretudo relacionados com obras públicas que foram canceladas após excederem o orçamento previsto.

Defendo que o gerente de projeto tenha sempre uma planilha com os custos do projeto. Gosto de fazer essa atividade, principalmente depois do plano de riscos, pois nesse planejamento talvez eu já identifique alguns itens que vão gerar custos e devem ser considerados no estudo de aquisições. Dessa forma, você consegue gerenciar riscos e aquisições de forma integrada em todo o seu plano de projeto.

---

12   Trata-se de um banco de dados com vários dados da empresa, oriundos de diversos sistemas. Esse grande armazém de informações guarda esses dados já tratados, pois antes eles passam por um processo de extração e transformação para serem carregados (esse processo também é conhecido como ETL) no *Data Warehouse*. Assim, áreas da organização podem utilizar esses dados em relatórios e realizar combinações, para tomar decisões com base neles.

Plano de projeto

Trata-se de um plano de como as coisas vão acontecer ao longo do projeto. Eu, habitualmente, apresento esse planejamento na reunião de *kickoff*. Geralmente, os participantes pedem uma ou outra modificação. Feito isso, esse documento acaba se tornando um acordo entre as partes para que exista um ponto de verificação e atualização da situação do projeto.

Esse plano tem tudo que eu expliquei anteriormente: apresentação da equipe; escopo do projeto com seus limites; plano de comunicação; mitigação de riscos; um cronograma prévio; enfim, todas as regras de engajamento e acordos do projeto.

> Depois de andar bastante pela organização e entender o negócio, conhecer pessoas, entrevistar algumas delas, Sophie resolveu fazer um plano do projeto. Ela montou esse plano em uma apresentação de slides, para posteriormente falar sobre ele aos principais executivos da empresa, o seu CEO e o presidente do fundo de investimento, que a tinha contratado. Ela dividiu a apresentação em capítulos e foi bem criteriosa em cada um deles. Não queria somente parecer organizada, mas para ela era determinante que ambos validassem esse planejamento, a fim de que ela pudesse colocá-lo em prática com o voto de confiança deles, já que são importantes influenciadores no seu projeto. Willie e Marcos entenderam a organização de Sophie. Questionaram um pouco sobre os prazos de algumas atividades. Tinham pressa.
>
> Sophie – Acho que posso adiantar algumas tarefas, se tiver um assistente para me ajudar.
>
> Willie – Não temos previstas mais contratações de pessoal no momento. Do que você precisa, especificamente?
>
> Sophie – Teremos uma fase de estudo de indicadores agora, mas depois precisaremos ter certeza de que as ferramentas estarão todas instaladas corretamente e seus dados sejam confiáveis. Creio que podemos contratar um fornecedor para fazer esse trabalho em paralelo, de auditoria, assim já adiantamos os prazos. Isso aumentaria

um pouco o orçamento do projeto, mas nos ajudaria a ter certeza de que estamos tomando decisões com base nos números corretos.

Marcos – Vamos fazer o seguinte, inclua o custo do fornecedor no orçamento do projeto e nos envie, para que possamos avaliar. Caso a previsão de custo exceda em demasia nossas expectativas, nós consideraremos os prazos atuais.

Sophie contatou alguns potenciais fornecedores para auditar o Google Analytics instalado no site, as tags instaladas através do Google Tag Manager, pixel de redes sociais, entre outros meios de captação de dados. Após receber os orçamentos, atualizou o plano de projeto e o enviou para Willie e Marcos.

Grupos de processos de um projeto de Web Analytics

Agora é o momento de unir as disciplinas apresentadas às fases de um projeto preditivo.

Note que Sophie, quando fez um plano de projeto, estava cumprindo uma etapa marcante dele, que é o planejamento. Se imaginarmos um projeto na sua forma mais tradicional, podemos ter as seguintes etapas:

Abertura

Em estruturas mais formais, como empresas com escritórios de projetos e maturidade maior nesse quesito, costumam usar um Termo de Abertura de Projeto (TAP). Ele é geralmente feito na etapa de abertura, serve como uma espécie de certidão de nascimento de um projeto.

Eu gosto de dizer que muitas informações incluídas neste documento servem para ajudar a montar o plano de projeto, futuramente, na fase de elaboração, afinal, ele já tem algumas estimativas sobre custos, riscos, objetivos, equipe, cronograma etc. Mas tudo isso ainda em uma fase muito incipiente (sem um estudo profundo), e, posteriormente, será melhor explorado no planejamento.

Essa etapa pode ser iniciada através de um briefing do problema. Em projetos de BI de que eu participei, sempre procurei entender profundamente o negócio. Às vezes, o cliente chegava com uma demanda, mas, por trás dela, existiam vários problemas, e isso quase sempre acontecia. Geralmente, nas primeiras reuniões, algumas até de pré-abertura (a venda do projeto já tinha sido feita, mas o contrato ainda não tinha sido assinado), eu buscava informações sobre a organização, como as coisas funcionavam, procurava conhecer algumas pessoas etc. Essa imersão no negócio sempre fez muita diferença.

Certa vez, ao atender uma indústria do meio moveleiro, o cliente me explicou via videoconferência sobre os móveis, os materiais utilizados e tudo mais. Mas quando fiz uma visita à fábrica, para algumas reuniões com o cliente, tive a oportunidade de conhecer sua linha de produção e, ao mesmo tempo, os detalhes do negócio. Isso fez toda a diferença para mim. O leitor pode estar se perguntando: "Mas o que isso poderia influenciar no trabalho de Web Analytics?". Respondo: "Muita coisa". Às vezes, o analista fica excessivamente preso aos números e tem dificuldade de entender aquilo que o detetive Fox Mulder, do seriado Arquivo X, dizia: *"A verdade está lá fora"*. Sim, é isso mesmo. Para entender melhor os dados ou o que acontece em uma organização, é necessário você dar forma aos números. Ficar atrás de uma máquina, olhando para os números somente, pode levar o analista a demorar mais para chegar a algumas interpretações e, em alguns casos, até a fazer análises enviesadas.

Claro que – para um mundo corrido como o que vivemos hoje, com restrições de tempo e orçamento –, às vezes, uma visita a um cliente para conhecer sua operação, fazer uma reunião inicial ao vivo, pode não fazer sentido do ponto de vista orçamentário. Mas minha dica é: quando tiver a chance de fazer isso, faça. Busque sentir o clima. Entende?

Nesse processo de conhecimento e imersão, eu gosto de entender a realidade do cliente, mas sempre faço perguntas também sobre o cliente dele. **Quem é, onde vive, quais seus desejos em relação ao produto, seus comportamentos**, entre outras informações que possam agregar positivamente nas análises que farei, posteriormente, olhando para os números. Essa já é uma atitude de "sair detrás das máquinas" muito importante.

Em alguns casos, ocorre de o cliente entender seu público de uma forma completamente diferente daquela que realmente é o perfil. Eu já vi isso acontecer algumas vezes. Em determinadas reuniões, nesse processo de abertura de projeto, eu perguntava ao interlocutor da empresa quem eram seus clientes. Ele me passava algumas informações sobre **dados, perfil, idade, comportamentos** etc. Mas ao olhar para as ferramentas e algumas informações de inteligência, eu percebia um cliente totalmente diferente. Acontecia o mesmo quando perguntava sobre concorrentes.

Eu também trabalho com SEO, é uma das minhas especialidades e por onde entrei no mundo dos dados. Em algumas consultorias na área, **eu sempre perguntei ao cliente quem eram seus concorrentes**. Ele me passava as marcas, aquelas que concorriam com ele na rua, mas, muitas vezes no Google, esses concorrentes nem apareciam por aquelas palavras-chave relacionadas aos seus produtos. Por isso é louvável uma imersão no negócio do cliente de modo que seja possível ter essas diversas visões.

Hoje, com a inteligência artificial, você pode conseguir informações relacionadas com públicos, concorrentes etc. Na Niara, ferramenta brasileira de inteligência artificial, é possível saber mais sobre a audiência de um site. Note que no recurso "Entenda a sua audiência", você pode ter informações sobre o público relacionado a um produto ou serviço.

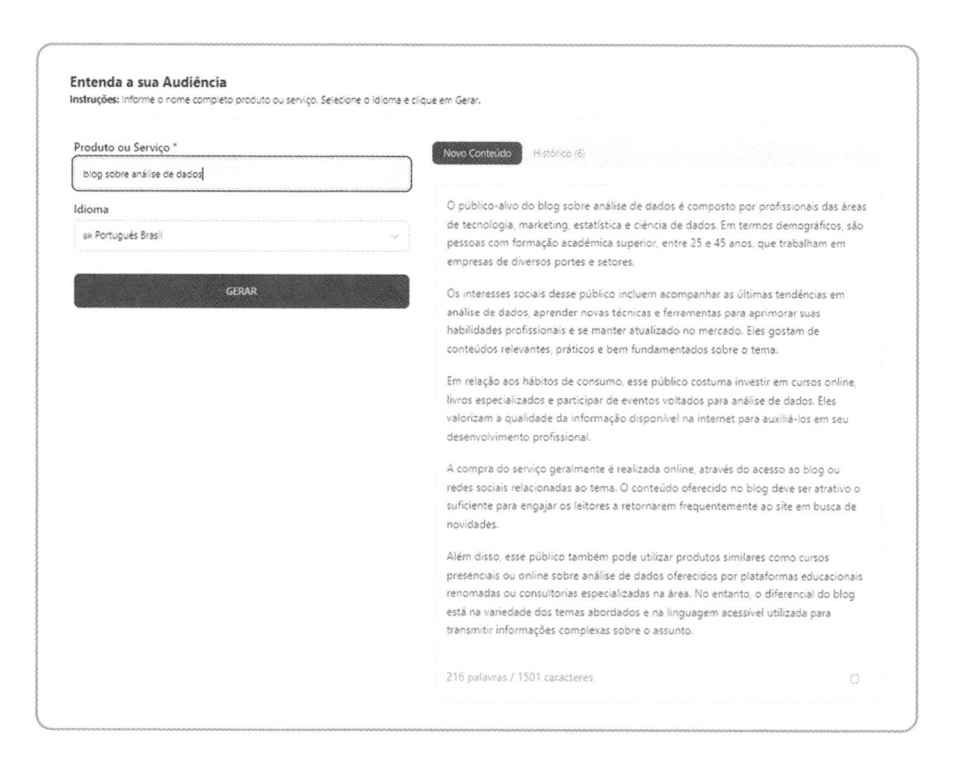

Ferramenta para entendimento da audiência na plataforma Niara. Informações sobre idade, gostos, hábitos de pesquisa, dentre outros, que podem ser compatibilizados com estudos de Web Analytics.

Outra coisa a se destacar em um projeto de Web Analytics é a **investigação acerca da sua viabilização**. Pense que muitas vezes o seu cliente pode investir em um projeto sem que faça um estudo da aquisição dele. O que eu quero dizer com isso? Que em algumas situações, existem custos que orbitam a aquisição de um projeto. Por exemplo, ao investir em um projeto que envolverá a construção de *dashboards* para visualização de dados para os níveis operacionais, táticos e estratégicos da empresa, pode ser necessária a contratação de um banco de dados para guardar os dados oriundos das ferramentas que a organização utiliza. Se o escopo do projeto é limitado só ao desenvolvimento do *dashboard*, imagine que a aquisição, a implantação e o carregamento dos dados em um novo banco de dados, por si só, já é um projeto! Um estudo da viabilidade do projeto, disciplina que está muito ligada com a área de riscos, pode evitar verdadeiros desperdícios.

É conveniente nessa fase um planejamento dos custos do projeto, de modo que sejam avaliadas outras aquisições, de softwares, fornecedores, dentre outros. Em alguns estudos do tipo, que eu participei, o cliente fazia a viabilização do investimento através de recursos da própria empresa, empréstimos, entre outras formas como financiamento do governo para projetos de inovação e tecnologia, de modo a tornar sustentável o projeto. É importante que isso seja feito antes do planejamento e da execução do projeto. Projetos públicos, construções que não foram para frente, podem ser bons exemplos aqui. Veja nas notícias relacionadas que boa parte deles são causados por falta de estudos de viabilidade, mitigação de riscos financeiros etc.

Se você, como profissional de BI, tem dificuldade em fazer isso, não tem problema. Peça ajuda! Hoje as profissões são muito especializadas e às vezes é necessário pedir ajuda para outros profissionais. Penso que uma boa conversa com o cliente e seus consultores financeiros, fazer uma planilha de todos os custos previstos, poderá ajudar bastante nessa fase de abertura, para que problemas não ocorram futuramente.

Note que falei de custos previstos, sendo assim, não é um material definitivo, que você preencherá ele e não revisitará. Pelo contrário, ele deverá ser consultado e atualizado sempre que necessário.

Na fase de abertura, o profissional pode, à medida que vai conhecendo a organização, listar alguns riscos identificados. Já compartilho que em projetos desse tipo os riscos proeminentes se relacionam com a falta de uma cultura de dados. Usaremos o exemplo do nosso caso da PC Gamers Fantásticos. A nossa personagem encontra uma organização que não é baseada totalmente nos dados, que tem dificuldades para entendê-los e usá-los de forma proveitosa. Sendo assim, boa parte dos riscos que Sophie enfrentará estará relacionada com a falta de conhecimento da PC Gamers sobre o uso das ferramentas, não saber a importância dos dados para a tomada de decisões, entre outros fatores que podem agravar mais ainda a implantação do projeto. Sendo assim, Sophie se pergunta:

Sophie – Será que não seria interessante eu montar alguns treinamentos para apresentar para algumas pessoas e, além disso, fazer uma mentoria com elas acerca de como os dados podem ajudar no seu dia a dia? Assim, quando o projeto estiver em fase avançada, com alguns *dashboards* prontos, não será tão difícil doutrinar essas pessoas para que os usem.

A resposta para a Sophie é sim! Já vá planejamento e agendando esses treinamentos sobre cultura de dados, como usá-los no dia a dia etc. Isso é o que entendo como mitigação de riscos.

O gerente de projeto de Web Analytics é autor da ação, nunca reativo a ela. Digo isso há tempos. Embora, muitas vezes o gerente de projetos não tenha esse nome ou cargo na organização, alguém que toma a frente de um projeto ou fica responsável por ele pode ter essa responsabilidade de organizar e administrar. E nos casos de empreendimentos de Web Analytics, isto quase sempre acontece: o profissional que vai implantar essa cultura acaba executando algumas tarefas e gerenciando esse projeto ao mesmo tempo. É o modelo ideal? Claro que não, mas é a realidade do nosso mercado. Isso ocorre muitas vezes em função do tamanho do projeto, falta de conhecimento de disciplina de projetos, entre outros problemas que não fazem parte do escopo deste livro. De qualquer forma, a organização do empreendimento, com as ferramentas disponíveis de gestão e governança, na minha visão, precisam ser aplicadas.

Com os riscos já listados, uma ideia dos custos e de como funciona a organização, o profissional de Web Analytics pode partir para uma etapa mais formal, de planejamento.

Elaboração e planejamento

Ter um plano para algo que você vai fazer é essencial. E quando falo isso, não é no sentido burocrático da coisa, mas de você saber aonde quer chegar. Documentação, planejamento, organizações são coisas essenciais para projetos de Web Analytics. Posso provar.

Em um projeto que eu estava envolvido, o cliente desejava reunir, em um só *dashboard*, dados de vendas, aquisições oriundas do site, entre outras informações do seu CRM. Todos esses dados estavam em um banco de dados, o que era excelente para nós, pois poderíamos simplesmente conectar esses dados no sistema de *dashboard* que iríamos utilizar, claro, fazendo uma adaptação ou outra, caso fosse necessário.

Mas como nem sempre tudo é perfeito em um projeto, surgiu um problema. O banco de dados não tinha documentação. Era necessário que o profissional que iria construir o *dashboard* ficasse consultando a todo momento o DBA[13] da organização para saber onde encontrar dado X ou Y. Isso causou uma demora, um risco que não foi rastreado pelo gerente de projeto. Ou seja, um risco que não foi mitigado. Entendeu a importância da administração de riscos? Se na época ele tivesse visto isso na fase de planejamento, poderia ter pedido que, enquanto o empreendimento estivesse sendo elaborado, o DBA fizesse uma documentação mínima ou um treinamento rápido, para que no momento da conexão dos dados o responsável pela construção do *dashboard* não ficasse tendo que consultá-lo.

Eu venho da área de programação, comecei a programar com 19 anos de idade, e nas primeiras aulas do curso técnico em informática que fiz, aprendi que a documentação é muito importante. Desde então, coloco esse princípio em tudo que eu faço, de modo que eu possa rastrear o histórico ou mesmo já ter uma espécie de "manual do problema".

---

13 DBA é a sigla para Database Administrator (Administrador de Banco de Dados). O DBA é o profissional responsável pela instalação, configuração, manutenção e suporte de sistemas de gerenciamento de banco de dados

Sendo assim, o planejamento do projeto de Web Analytics, que inclui datas, riscos, escopo, aquisições, gestão de *stakeholders* (como comentei anteriormente) etc., terá também o modelo do processo de documentação, de como será feito, por quem, onde ficará guardado etc.[14]

Além disso, o planejamento ajuda a saber onde estamos e para onde vamos. Principalmente nas reuniões de status[15], as famosas *weeklys*, esse planejamento pode ser revisitado para entender se algum dos acordos não foi cumprido e se o cronograma segue conforme o esperado.

É por isso que gosto sempre de ter um plano de projeto na fase de elaboração. Nesse plano eu costumo colocar informações como escopo, cronograma, algumas metas e objetivos, plano de comunicação, gestão de riscos, gestão de custos, entre outros pontos que serão revisitados com alguma periodicidade. Lembre-se de que já no TAP, algumas dessas informações, de um modo mais incipiente, já foram listadas e agora serão aprofundadas.

Escopo – delimite o escopo do projeto. Se você foi contratado para elaborar um *dashboard*, delimite o que faz parte do escopo e o que não faz. Por exemplo:

> *"**O que faz parte desse projeto**: a entrega de um dashboard para análise dos números financeiros do e-commerce, incluindo a definição de indicadores junto ao cliente, elaboração do seu design, gráficos, comparativos, filtros, conexão com os bancos de dados da empresa e distribuição automática via e-mail.*

---

14 Para a documentação, o analista pode usar o Notion, Confluence ou até mesmo um documento de texto Word. Eu gosto de utilizar o Confluence, pois ele permite o compartilhamento e a colaboração com outros membros da equipe, além de ter um excelente controle de versões.

15 Uma reunião de status é um encontro regular no qual a equipe compartilha atualizações sobre o progresso das atividades, identifica obstáculos e alinha esforços para alcançar os objetivos do projeto, garantindo comunicação eficaz e cumprimento de prazos. Elas também podem ser chamadas de weeklys.

Não faz parte do escopo do projeto: a adaptação, viabilização ou construção de banco de dados, o treinamento perante as funcionalidades de sistemas ou fluxo de dados, ETL e manutenção do banco de dados."

Tanto quanto dizer o que faz parte do escopo, especificar o que não faz parte dele também é algo de suma importância. E quanto mais detalhes, melhor. Em algumas situações, como essa, alguns clientes entendiam nessa fase que alguma coisa que não estava incluída no escopo precisava ser inserida. Sem problema. Voltávamos um passo atrás, recalculávamos os valores do projeto e, caso aprovado, considerávamos no escopo, afinal, o item extra iria modificar custos e, consequentemente, a lucratividade do empreendimento.

Por que na fase de planejamento de um projeto de Web Analytics pode ocorrer de o escopo mudar? Na fase de abertura, o cliente pode não ter uma visão clara, ainda, de todo o empreendimento e do que ele precisará. Profissionais experientes da área podem alertar o cliente sobre item X ou Y que precisa ser considerado no projeto, mas nem sempre tudo funciona de forma perfeita. Algo que faço sempre em novos projetos é procurar a base histórica de outros semelhantes já concluídos. Neles é possível notar erros, problemas que aconteceram, riscos que não foram rastreados, entre outros fatos, que podem ser evitados no futuro[16].

EAP – No plano que será desenvolvido, o gerente do projeto de implantação do projeto de Web Analytics pode usar um EAP – Estrutura Analítica do Projeto. Esse recurso visual ajudará para que ele e a equipe possam ter uma ideia visual de todo o empreendimento, entendendo por onde vão passar e quais as atividades mais importantes.

---

16 Alguns sistemas de gerenciamento de projetos, como o TeamWork, possuem funcionalidades por meio das quais é possível registrar informações relacionadas com as tarefas, projetos etc. Eu gosto de fazer um diário do projeto, onde vou anotando informações importantes, anexando e-mails, imagens, mensagens que o cliente manda, entre outros dados que ajudam a entender o que aconteceu naquele projeto. No final, quando o serviço é entregue, eu faço algumas anotações contendo os problemas ocorridos e suas lições aprendidas. Isso fica como uma base histórica, disponível para melhorar a curva de aprendizado e evitar erros em outros projetos.

```
                        ┌─────────────────┐
                        │ Projeto de cultura │
                        │ de Web Analytics │
                        └─────────────────┘
```

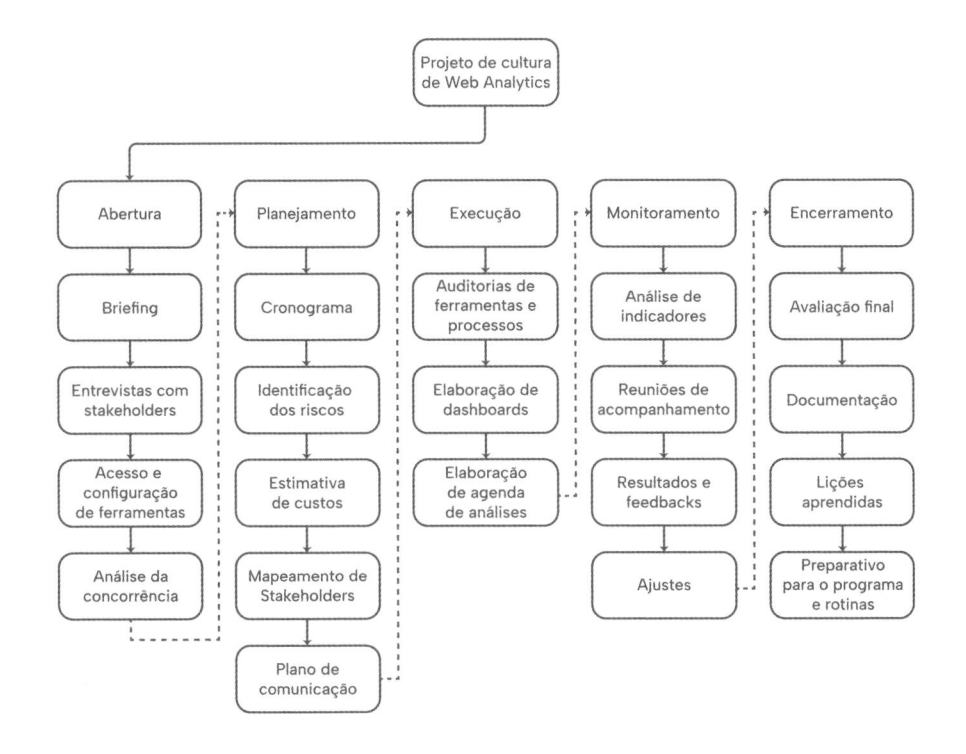

Abertura	Planejamento	Execução	Monitoramento	Encerramento
Briefing	Cronograma	Auditorias de ferramentas e processos	Análise de indicadores	Avaliação final
Entrevistas com stakeholders	Identificação dos riscos	Elaboração de dashboards	Reuniões de acompanhamento	Documentação
Acesso e configuração de ferramentas	Estimativa de custos	Elaboração de agenda de análises	Resultados e feedbacks	Lições aprendidas
Análise da concorrência	Mapeamento de Stakeholders		Ajustes	Preparativo para o programa e rotinas
	Plano de comunicação			

EAP de modelo para um projeto de implantação de cultura de Web Analytics.

No caso da imagem acima, Sophie elaborou uma amostra de como o empreendimento transcorrerá em fases sequenciais, através da ideia de um projeto preditivo, ou seja, o qual se sabe como vai começar e como vai terminar. Note que a ideia dela é que, após passar por todas as etapas, seja possível preparar o programa de Web Analytics, que ocorrerá através de uma rotina de processos cíclicos, de análise de dados na PC Gamers Fantásticos. Ou seja, teremos aqui uma organização data-driven.

Uma organização data-driven é aquela que baseia suas decisões estratégicas e operacionais na análise de dados, buscando *insights* para orientar suas ações. Como afirma Thomas H. Davenport (2017), um dos pioneiros no campo da análise de dados: *"As empresas que são capazes de alavancar dados e análises em um nível superior se destacam em termos de performance e inovação"*.

Cronograma – um cronograma de atividades já pode ser apresentado para a equipe no planejamento do projeto. Eu gosto sempre de deixar essa parte depois do EAP, pois se ele tem uma estrutura em forma de arquitetura dos grupos de atividades do projeto, agora na parte do cronograma, vou detalhar essas atividades.

Eu sempre comento (FORMAGGIO, 2023) que alguns profissionais gostam de utilizar planilhas para organizar projetos. São boas ferramentas de organização, não são ruins, contudo, elas não possuem um controle de padrão. Geralmente, nas operações em que se usam planilhas para o gerenciamento de atividades, cada analista usa sua planilha, não há um controle e visualização central de todos os projetos e, pior, as planilhas se multiplicam.

Minha sugestão é que seja desenvolvido um cronograma em algum aplicativo no qual seja possível: organizar as tarefas, status (aguardando, iniciado, realizado), colocar comentários na tarefa, data, atribuir responsáveis e links. É mais profissional que o uso de planilhas, e alguns desses softwares fazem o controle de múltiplos projetos, mostrando estatísticas de horas, recursos humanos utilizados e outros indicadores básicos para quem faz a gestão de projetos.

Uma boa solução, simples, para quem não quer passar muito tempo aprendendo uma ferramenta e procura algo com um preço acessível, é o Trello. Aprecio bastante, pois nele ainda é possível compartilhar o projeto com a equipe de desenvolvimento, com o cliente e com quem mais você achar necessário, além de diversos outros recursos.

Gosto de dividir as tarefas em três colunas, com os status: aguardando, iniciado, realizado. É uma forma simples e eficiente de entender visualmente o que está acontecendo no projeto (parecido com o Kanban[17]).

Existem outras soluções que podem ser consideradas como o TeamWork, Jira etc. O analista deve pesquisar a solução que mais atenda suas necessidades de projeto, custo e utilizar a que for mais adequada.

---

17 Uma abordagem visual para gerenciamento de trabalho em processos de desenvolvimento ágil. No Kanban, as tarefas são representadas por cartões que são movidos através de colunas em um quadro, cada coluna representando um estágio do processo, como "A fazer", "Em andamento" e "Concluído".

Para o projeto da PC Gamers Fantásticos, a Sophie notou que a organização não usava nenhum software para organizar suas atividades. Sendo assim, ela resolveu adotar o Trello para organizar as atividades do projeto de Web Analytics. Também determinou que iria atualizar o cronograma no mínimo semanalmente e nos ritos do projeto. Depois de organizar todas as tarefas ali, ela já colocou algumas delas, aquelas mais importantes, marcos dentro do projeto, no planejamento que estava montando.

Riscos – anteriormente, na fase de abertura do projeto, Sophie já fez algumas estimativas de riscos, afinal, ao conhecer a PC Gamers Fantásticos, ela já viu problemas que podem atrapalhar a organização. A fase de planejamento é a hora em que se realiza um plano de mitigação de riscos.

Algumas sugestões que podem ajudar a entender os riscos de um projeto (FORMAGGIO, 2023):

1. Reúna todos os *stakeholders* para um debate;
2. Cole em um quadro, com papéis autoadesivos amarelos, os riscos e em que fase do projeto eles podem acontecer;
3. Se nesse momento já for possível definir até em qual atividade esse risco pode ocorrer, melhor ainda. Quanto mais detalhado esse exercício, melhor;
4. Terminado esse exercício, vá para casa e no dia seguinte revise essa lista, veja se ficou faltando alguma coisa e então vá para o segundo passo que é o "como gerenciar o risco".

Como gerenciar o risco:

Una riscos e tarefas na lousa – um respectivo risco na maioria das vezes está relacionado com uma tarefa do projeto, por isso eu gosto de fazer essa atividade depois de elaborar o cronograma;

Determine o caminho crítico. Se existem tarefas que envolvem caminho crítico, aquelas mais determinantes para a continuidade do projeto, é fundamental acompanhar os riscos relacionados a elas, principalmente;

Determinadas as tarefas de alta prioridade, monte uma tabela com o nome da tarefa, a fase em que ela pode acontecer, quem é o responsável pela tarefa e qual o plano para impedir que o risco se concretize. Tenha uma coluna com um plano de ação para o caso do risco se tornar um fato, com procedimentos do que deve ser feito, plano de comunicação para esse caso, entre outros detalhes;

A cada evolução do projeto revise os riscos e o grau de efeito colateral caso se concretize;

Faça um resumo sobre a administração do risco nos relatórios periódicos do projeto, para os *stakeholders*.

Caso o pior aconteça não se desespere. Siga o plano, avise os envolvidos, coloque em prática as medidas de contingência e não deixe que existam efeitos colaterais em demasia.

Aquisições e custos – no planejamento do projeto, coloque um resumo do controle financeiro do projeto. Como comentei anteriormente, você pode pedir a ajuda de algum colega para fazer esse planejamento. Faça uma planilha com todos os custos envolvidos e vá subtraindo o orçamento disponível do projeto.

ITEM	DESCRIÇÃO	QTDE.	CUSTO UNITÁRIO	CUSTO TOTAL	DATA DE AQUISIÇÃO	FORNECEDOR
Ferramenta de elaboração de *dashboards*	Licença anual para ferramenta de criação de *dashboards*	1	R$ 10.000,00	R$ 10.000,00	01/07/2024	Ferramenta XYZ
Analista de banco de dados	Salário mensal do analista de banco de dados	12	R$ 8.000,00	R$ 96.000,00	01/07/2024	Equipe interna
GA4 Pago	Licença anual do Google Analytics 4	1	R$ 20.000,00	R$ 20.000,00	01/07/2024	Google
Supermetrics	Licença mensal para Supermetrics	12	R$ 1.000,00	R$ 12.000,00	01/07/2024	Supermetrics

Exemplo de gestão de custos e aquisições.

Revisite essa planilha periodicamente e atualize as variáveis sempre que necessário.

Execução

Depois de todo plano de projeto realizado, é necessário colocá-lo em prática. O fato é que se planeja muito para que a execução se torne mais fluida e menos arriscada. No caso de um projeto de Web Analytics, onde há a implantação não só de processos, mas de uma cultura de inteligência de dados dentro da empresa, muitas coisas são descobertas ao longo do empreendimento, e isso é normal. Recomendo sempre que eventuais mudanças e instabilidades dentro de projetos como esse sejam acompanhadas de perto, e o planejamento servirá para manter os controles necessários.

O que quero dizer com isso? Havia um general-marechal de campo, o prussiano Helmuth von Moltke, que dizia: **"Nenhum plano de batalha sobrevive ao contato com o inimigo"**. O que esse militar queria dizer era que na atividade da batalha as coisas mudavam, afinal, não havia como combinar com os adversários o que iria acontecer. Sendo assim, o general adaptou uma série de regras, para que pudesse se ajustar ao plano desenvolvido, quando as coisas mudassem no campo de batalha.

Igual ao general-marechal, nós temos que estar prontos para que mudanças aconteçam enquanto estamos realizando as execuções relacionadas aos planos elaborados.

Sophie entendeu que como se tratava de uma organização que ainda não estava acostumada a tomar decisões com base em dados, então no momento em que o projeto estivesse sendo executado, algumas coisas poderiam mudar e ela poderia ter algumas dificuldades. Sendo assim, ela definiu que nas reuniões de status do projeto, tomaria como referência sempre o planejamento feito, para que aos poucos todos se acostumassem com seus processos de organização e não tivessem maiores problemas. Com isso seria possível controlar melhor o projeto.

Eu já vivi muitos imprevistos em projetos relacionados com mudanças na fase de execução e isso causava diversos tipos de problemas. Algo que acontece rotineiramente, principalmente em projetos que envolvem BI e Web Analytics, são mudanças no âmbito de aspectos intermediários entre o que foi proposto e vendido. Por exemplo, a consultoria para o tagueamento e implantação de Google Analytics 4 em um site. No caso, alguns consultores trabalham com esse tipo de serviço, no qual fazem a configuração da ferramenta, algumas implementações importantes para eventos, através do Google Tag Manager, mas não a instalação de códigos no site. Às vezes isso pode ser necessário, por meio de *Data Layers*[18], entre outras particularidades.

Já aconteceu, em um projeto em que eu estava envolvido, de o cliente descobrir que a implementação de código não estava prevista no serviço que ele comprara e querer exigir isso. Como o escopo do projeto havia sido bem documentado no início, com todos os detalhes possíveis, foi apresentado o planejamento de projeto que ele assinou. Nesse ponto, entramos em um processo de gestão de escopo de mudanças, quando foi explicado que nós poderíamos absorver essa demanda, mas seria um adicional no contrato, com impactos em custos e prazos. Ele aceitou fazer um investimento adicional para que nós mesmos fizéssemos isso, para que não tivesse que contratar outro fornecedor. Tudo isso aconteceu na execução do projeto, com algumas ações já acontecendo.

Eu reforço o fato de que algumas coisas já estavam acontecendo, pois embora não tivesse o GA4 instalado em sua completude, ele já recebia alguns dados do site, como de visitas, origens, entre outras informações, embora ainda não as informações de e-commerce que dependiam da configuração de *Data Layer*s para envio de dados para a ferramenta.

---

18 O *Data Layer* (camada de dados) é um objeto JavaScript que contém uma variedade de informações de uma página. É uma estrutura usada principalmente para coletar e armazenar dados de uma forma organizada. Ele atua como uma camada intermediária entre o site e o Google Analytics.

Projetos como esse são realizados em algumas etapas, então é possível ir entregando o produto em partes para que o cliente tenha uma sensação, bem como uma experiência prévia do produto do projeto.

Nos empreendimentos como esse, onde o objetivo principal é entregar o Google Analytics funcionando, capturando todos os dados do site, gosto de dividir a fase de execução em três etapas:

1. Na primeira parte, faço a configuração das contas das ferramentas, o que significa que eu vou criar as contas do cliente no GA4, no Google Tag Manager etc.;

2. Posteriormente, vou fazer a instalação do contêiner do Google Tag Manager, que receberá todas as tags para monitoramento de eventos – aqui o Google Analytics já começa a receber alguns dados e o cliente a receber algumas informações relevantes; e,

3. Por último, a instalação e configuração de *Data Layer*s que vão permitir o funcionamento da parte de e-commerce do site.

Isso torna a fase de execução mais dinâmica e ajuda a controlar a ansiedade do cliente.

Uma observação: aprendi com o tempo que quando não sou eu, ou minha empresa, que faz a instalação do *Data Layer* no site do cliente, é melhor enviar a instrução para instalação desses artefatos logo no início do projeto, visto que os departamentos de desenvolvimento ou fábricas de softwares dos clientes estão sempre com muitas atividades em seu backlog. Então, envio isso logo no início, pois enquanto vou realizando outras atividades, eles já vão trabalhando nisso, aí quando chega na etapa três da execução, eu só preciso fazer as configurações finais.

Frequentemente, mesmo com manuais de instalações de códigos etc., alguns desenvolvedores podem se confundir e errar nomes de variáveis e códigos. Minha sugestão em qualquer área de um projeto: sempre que tiver uma entrega importante, de caminho crítico, não envie somente. **Faça uma apresentação**, mostrando detalhes e o que deve ser evitado para que não sejam cometidos erros por falta de atenção ou entendimento.

Controle e monitoramento

Enquanto o projeto está sendo executado, é oportuno existir controle e monitoramento das atividades.

Pense comigo: se você está dirigindo um carro em uma estrada, precisa de um velocímetro para saber a velocidade. A fase de monitoramento é sobre isso, é sobre o entendimento do andamento do projeto, o quão rápido ou devagar ele está andando dentro da organização. Aqui destaco uma frase do professor William Edwards Deming: *"O que não pode ser medido, não pode ser gerenciado"*. É exatamente isso, pois como afirma esse notável estatístico: *"Sem dados, você é só uma pessoa com uma opinião"*. Essas frases do ilustre professor expressam a impossibilidade de entender um fato sem números, sem dados, fazendo com que a única ferramenta seja a percepção humana, que em muitos casos pode ser falha.

Aqui falamos do controle e monitoramento da implantação de um projeto de Web Analytics em uma organização. Estamos monitorando e controlando a evolução do projeto e posteriormente os resultados dos impactos dele.

Monitorar é coletar dados, realizar medições acerca dos números do projeto. Controlar é você usar essas informações e comparar com o que você planejou para o projeto de Web Analytics, caso que estamos estudando aqui.

No caso da PC Gamers Fantásticos, Sophie precisará controlar tudo dentro do projeto, como: cronograma, escopo, riscos, comunicação, aquisições, mudanças e tudo mais. Um controle formal desses processos vai garantir o sucesso do empreendimento. É necessário entender se as ações estão seguindo o planejamento.

Além disso, saindo um pouco da metodologia formal do projeto, podemos considerar também a mensuração dos resultados de todo o esforço do projeto. É o que eu falo sobre esforço e resultado. Abordarei mais sobre isso nos próximos capítulos, mas dando um exemplo aqui: quantas horas foram gastas em análise de dados esse mês na organização? Os *insights* oriundos dessas análises geraram quanto em resultados? Entende? A medição do esforço empreendido e dos resultados alcançados é muito importante para determinar, além de tudo, se as análises estão realmente gerando resultados.

Encerramento

O encerramento do projeto se dá quando todas as entregas estipuladas são realizadas de forma satisfatória, com os requisitos e a qualidade necessária.

Imaginando nosso caso, a Sophie fará a implantação de ferramentas, processos e procedimentos, dará treinamento para a equipe, vai construir alguns *dashboards* para que a empresa adquira a cultura referente aos dados em toda a sua operação, usando os insumos para a tomada de decisões, tornando-se assim uma organização orientada a dados!

Terminado esse projeto, a Sophie poderá organizar uma nova fase do seu trabalho, que se iniciará através de um **programa cíclico de análise de dados** frequentes na organização, como comentei anteriormente, ao mencionar o EAP do projeto.

ATENÇÃO: Entenda que por programa não me refiro a um software. Uso a palavra programa neste livro como um conjunto contínuo de atividades cíclicas que incluem coleta, processamento, análise, visualização e interpretação de dados para fornecer *insights* acionáveis que suportem a tomada de decisões estratégicas. Ao contrário de projetos temporários, este programa é contínuo e se adapta às necessidades em evolução da organização. Ele envolve a obtenção de dados de várias fontes, transformando-os em informações utilizáveis, aplicando técnicas analíticas, visualizando os resultados de forma compreensível e usando esses *insights* para guiar ações estratégicas e operacionais, promovendo uma melhoria contínua e vantagem competitiva.

Quando o projeto vira um programa?

Imagine que depois de muito esforço, foram feitas várias ações de treinamento, novos processos dentro da empresa, então, agora, tudo isso se torna cíclico.

Imagine que no caso da PC Gamers Fantásticos, o primeiro projeto da Sophie dentro da empresa foi o de Web Analytics. Ela pôde determinar análises do e-commerce, treinamentos e outras ações. Isso se refletirá no movimento de processos e ferramentas que se tornam cíclicos.

Alguns exemplos de processos importantes para análises de dados:

1. Ter as periodicidades estipuladas. Geralmente, para uma boa inspeção dos números de um site, que garanta a encontrabilidade de erros que prejudiquem o site no curto, médio e longo prazo, bem como oportunidades também. Se estamos falando de um e-commerce, como o da PC Gamers Fantásticos, é fundamental entender que nesse meio as coisas acontecem muito rápido. As vendas em um e-commerce podem mudar do dia para a noite. Basta pensar em datas comemorativas e perceberá que alguns e-commerces podem conquistar grandes fatias de suas metas de receita em datas como a Black Friday. Afinal, grandes promoções acontecem nesse período. Sendo assim, manter uma periodicidade de análises diária, semanal e mensal é relevante para que seja possível construir interpretações importantes perante à resposta do público ao que está sendo feito. Mais adiante eu vou falar sobre a pirâmide de indicadores, que está bastante relacionada com a periodicidade a que me refiro;

2. Elaborar relatórios semanais, mensais e anuais. Isso vai colaborar diretamente para que você possa confirmar a periodicidade na análise dos números e na cultura da empresa. Imagine que todos os setores de uma empresa têm seus números e indicadores. Quais os indicadores que as pessoas precisam revisar e interpretar, tomar ações com base neles? Existem relatórios para que seja possível que esses atores do processo possam analisar mais facilmente o que está acontecendo? Quando eu fui responsável por um setor

dentro de uma empresa, que tinha vários departamentos, para que eu pudesse fazer a administração mais efetiva deles, criei indicadores e relatórios para cada um. Isso possibilitou que eu e as pessoas envolvidas naquela operação fizéssemos uma gestão adequada de todos os esforços. Lembro que onde tínhamos problemas de operação, formamos indicadores para mensurar o problema e rastrear soluções. Lembro que o maior desafio que eu tive não foi pensar em indicadores e montar *dashboards*, mas, sim, as pessoas! Pois muitas não tinham conhecimento acerca da cultura de dados, bem como de que forma sentar, olhar para um relatório e interpretar seus dados e tomar decisões. Por isso, no projeto de Sophie, ela decidiu incluir treinamentos para a equipe! Pois sem eles, mesmo com sistemas, relatórios e tecnologias, não seria possível evoluir para uma cultura de dados dentro da organização. Com Web Analytics não é diferente. Você precisa ter os números para manipular seus cenários e as pessoas treinadas para receberem com determinada periodicidade relatórios em seus e-mails. Isso **ajudará**[19] **para que se sintam estimuladas a realizar análises**. A evangelização dos dados e da tomada de decisão com base em dados precisa ser frequente. Precisa fazer parte da cultura da empresa;

3. Faça com que os relatórios criados busquem os dados automaticamente, não gaste tempo alimentando base de dados manualmente. Use conectores e ferramentas que façam isso, há várias soluções no mercado. Eu gosto muito do Looker Studio para automatizar envios e integração de dados, mas existem diversas outras que podem ajudá-los. Foque seu tempo e o das pessoas nas análises dos números;

---

19 Notem que "ajudar" não significa obrigar. Por isso falo tanto da questão de cultura. Talvez esse seja um dos maiores desafios para empresas que estejam voltadas a dados. Lembro-me de um evento que participei no Rio Grande do Sul, onde eu fui moderador de um painel no qual três executivos da área de dados comentavam sobre a influência dos dados nas organizações. Uma das painelistas, executiva de uma empresa pública do setor de TI de Porto Alegre, comentou exatamente esse ponto que reforço sempre. A capital do Rio Grande do Sul tem uma ampla utilização dos dados para a administração da cidade, segurança, entre outras áreas, que se integram por meio de sistemas, mas a executiva relatava a questão cultural da utilização dos dados e a conscientização da tomada de decisões com base neles, bem como questões de privacidade e segurança de dados.

4. Nos relatórios, considere indicadores que respondam às perguntas mais frequentes, como: "Quanto faturamos esse mês?"; "Qual a campanha com maior ROI?" etc.

Para a análise desses relatórios, você pode estabelecer um processo com a equipe, conforme a sugestão:

1. Analista recebe o *dashboard* e faz uma leitura dos gráficos;
2. Em um bloco de notas, ele registra algumas informações sobre ganhos ou perdas obtidas no período;
3. Reúne-se com colegas dos setores envolvidos e passa sua visão dos números;
4. Os analistas, colegas de outros setores, tomam decisões com base nesses números e combinam todos de avaliar os resultados das mudanças até determinada data.

Esse é um exemplo de rotina, no processo de análise e ação, que pode acontecer periodicamente dentro do programa estabelecido. Procedimentos como esse podem ser melhorados, adaptados e adotados em diversas áreas[20].

O programa visa a continuar os esforços de Web Analytics, de modo que se tornem cíclicos na empresa, como: monitoramento constante de determinados indicadores, análise de relatórios e outros dados.

---

20 Entenda que dar o treinamento e deixar que as pessoas comecem a tomar decisões com base em dados não é o suficiente. Em muitos casos, você terá que encontrar formas de incentivar as pessoas, a fim de que elas sintam que de alguma forma isso trará vantagens para suas rotinas.

Auditorias

Auditorias são importantes em programas de Web Analytics, pois, às vezes, podem ocorrer desinstalações de ferramentas, erros de captação de dados e outras anomalias. Eu já vi, em alguns casos, a tag do Google Analytics deixar de funcionar por vários motivos. O GA parava de contabilizar os dados, mas graças a uma rotina de checagem da ferramenta, logo eu notava o problema e já mandava a solução para os responsáveis.

Pode ser que por problemas de tagueamento, intervenção de sistemas, incompatibilidades, dentre outros, os números avaliados tenham diferenças. Por isso é conveniente que você faça auditorias periódicas nos números.

Não existe uma fórmula pronta. Você pode fazer essa inspeção até quando está analisando os indicadores mais relevantes (os KPIs, vou falar deles logo mais), mas coloque essa tarefa no seu *checklist*.

O objetivo principal das auditorias é manter o programa de Web Analytics ativo e com base nos dados corretos. A seguir, uma tabela que pode servir como guia para essas verificações. Note que listei nela a ferramenta, frequência, o que deve ser verificado e uma descrição explicativa. Também coloquei a análise da concorrência como uma ferramenta, afinal, a revisão da estratégia, através de um processo comparativo, pode ajudar o analista a auditar suas ações.

FERRAMENTA	FREQUÊNCIA	O QUE VERIFICAR	DESCRIÇÃO
Google Analytics 4 (GA4)	Semanalmente	Tags, filtros, dados de eventos	Certificar que todas as tags estão implementadas corretamente e funcionando. Garantir que os filtros estão aplicados corretamente para excluir tráfego indesejado. Verificar se os eventos estão sendo rastreados corretamente e se os dados são precisos.
Google Search Console	Quinzenalmente	Erros de rastreamento, desempenho de pesquisa, cobertura do índice	Identificar e corrigir erros de rastreamento e indexação. Analisar o desempenho de palavras--chave e páginas. Verificar a cobertura do índice e resolver problemas de exclusão.
Google Tag Manager	Semanalmente	Disparo de tags, variáveis, acionadores	Certificar que as tags estão disparando corretamente em todas as páginas. Verificar se as variáveis e acionadores estão configurados corretamente e funcionando.
Looker Studio	Mensalmente	Conectores de dados, precisão dos gráficos e *dashboards*	Verificar se os conectores de dados estão funcionando corretamente e atualizados. Garantir que os gráficos e *dashboards* estão mostrando dados precisos e relevantes.

FERRAMENTA	FREQUÊNCIA	O QUE VERIFICAR	DESCRIÇÃO
Supermetrics	Mensalmente	Integração com fontes de dados, atualização e precisão dos dados extraídos	Certificar que as integrações com fontes de dados estão funcionando corretamente. Garantir que os dados extraídos são atualizados e precisos.
Ferramenta de *dashboards*	Mensalmente	Integridade de dados, atualização automática e precisão dos relatórios	Verificar a integridade e precisão dos dados apresentados nos *dashboards*. Certificar que os dados estão sendo atualizados automaticamente conforme esperado.
Análise de concorrência	Trimestralmente	Comparação de métricas, revisão de estratégia	Comparar as métricas com benchmarks de mercado para identificar áreas de melhoria. Revisar a estratégia de análise de dados com base no desempenho dos concorrentes.

Antes desse processo, o profissional precisa garantir que os indicadores sejam importantes e espelhem os objetivos estratégicos da empresa, em algum nível de suas metas.

DETERMINANDO INDICADORES

Sophie decidiu começar a conversar com os colegas da empresa para entender como trabalhavam, quais as ferramentas e indicadores que utilizavam até então. Ela notou nesses bate-papos que, embora houvesse um trabalho de gestão de tráfego elaborado pelos colegas, eles meio que trabalhavam em silos, sem se comunicar sobre estratégias, trocar ideias sobre informações, dados, promover ações em conjunto. Quanto aos indicadores, cada área (SEO, links patrocinados, social, e-mail marketing) tinham os seus próprios, sem que tivessem um objetivo comum. Por exemplo, para o analista de links patrocinados da empresa, ele olhava para as campanhas com maior retorno financeiro, enquanto o responsável pela campanha de e-mail marketing estava mais preocupado com qual peça de e-mail estava dando mais retorno em termos de cliques. Eles não tinham uma orientação clara do que mensurar e como. Quando perguntados sobre a mensuração de esforço para atingimento dos resultados, alguns deles ficavam em dúvida sobre o que responder, pois claramente só olhavam para o resultado do seu trabalho.

Trabalhar com marketing digital tem uma vantagem: é possível verificar o caminho dos usuários, por onde eles passam e analisar os indicadores de maneira mais simples. É muito diferente de publicidade *offline*, em que você simplesmente deixa uma peça em um shopping e espera que as pessoas passem por ela e sejam impactadas. A medição se torna mais difícil e dedutiva nesse caso.

No mundo digital, as coisas acabam sendo todas rastreáveis e você pode cruzar dados e, assim, obter informações importantíssimas para o seu negócio.

Na minha vida trabalhando na área de marketing digital, fiz muitos planejamentos, execuções e medições. Lembro-me do início dos anos 2000, quando ainda não haviam ferramentas como o Google Analytics. Eu contabilizava os logs de servidor "à mão" e gerava gráficos no papel. Eram tempos mais simples, quando não tínhamos todo o ferramental de análise disponível nos dias de hoje.

Frequentemente, nos projetos em que atuo, mesmo que indiretamente, há alguns indicadores que fazem sempre parte do escopo de análise mínimo, do dia a dia mesmo. É sobre eles que quero falar.

Para que servem os indicadores?

Os indicadores servem para controlar o desempenho de projetos, campanhas ou processos. Você pode definir quais deles medir logo no início do trabalho. Por exemplo, em uma campanha de links patrocinados (Google Ads, Face Ads etc.), uma métrica de destaque é a quantidade de cliques em anúncios, pois será um sinal para aqueles mais atraentes ao público desejado.

É comum, ao receber as primeiras informações do cliente e estudar o negócio, a campanha se desenhar na sua cabeça. Nesse momento, a medição de alguns indicadores estratégicos começa a fazer sentido. Você naturalmente começa a pensar no que acompanhar, nas possibilidades, em quais dados serão indispensáveis para a tomada de decisão.

Normalmente, acontece de você ter a visão do indicador que é importante, mas para o seu cliente ele não é, e vice-versa. Nesses casos, na busca de agradar a todos, há acúmulo de informações.

Sou o maior defensor do "menos é mais". Em um relatório mensal, o objetivo é ter visão ampla, com mais números, enquanto em um relatório diário, somente aqueles dados que funcionam como espécie de velocímetro. São aqueles indicadores de performance que vão mostrar a real velocidade de uma campanha, que são extremamente sensíveis à mudança. Você realiza a alteração hoje e amanhã os números já tem algum impacto.

Como eu meço?

A maioria das informações que leio são captadas pelo Google Analytics, Google Search Console, planilhas e apresentações em *dashboards*. O Looker Studio é minha solução para gerar relatórios das fontes de dados disponíveis. É como trabalho normalmente e tudo depende do que você vai medir. Se é preciso verificar o desempenho de vendas diário de uma equipe, os relatórios terão origem em outro tipo de sistema.

Tratando-se de campanhas de marketing online, é possível observar os indicadores que você precisa diretamente no Google Analytics. Sugiro o Looker Studio para organizar mais facilmente a sua leitura, cruzar os dados e aplicar os filtros de maneira mais dinâmica.

Minha pirâmide de indicadores

Gosto de trabalhar com um conceito que chamo de pirâmide de indicadores. Trata-se de um modelo que eu criei, que me ajuda a identificar o que devo analisar em qualquer tipo de projeto ou programa de Web Analytics.

Vejo que muitas vezes a maior dificuldade de executivos e gestores de empresas é determinar o dado que será indispensável para se ter a visão de um problema. Quando isso acontece, são desenvolvidos *dashboards* com inúmeros indicadores que competem pela atenção do executivo, sem que exista uma sequência lógica de análise.

Gosto de usar a analogia de uma estrada, na qual é como se os indicadores levassem a empresa por um caminho, uma rota, direcionada sequencialmente para um **objetivo final**, em uma relação de causa e consequência.

Basicamente, a pirâmide de indicadores consiste em agrupar, através da imagem triangular, todos os que serão analisados com base no esforço e resultado.

O que acredito é que precisamos mensurar o resultado dos esforços realizados, para podermos identificar o que realmente está gerando esforço e dando resultado real, conforme as metas da organização.

O tempo e o esforço acabam impactando fortemente no resultado, afinal, algumas características de evolução dependem do tempo para que sejam cumpridas. Os indicadores relacionados a isso são importantes, pois, caso contrário, será a mesma coisa que viajar para o lado errado.

Imagine um projeto de SEO dentro da PC Gamers Fantásticos. O objetivo do SEO é trazer vendas ao site da empresa através da busca orgânica – é relevante comentar aqui que muitas empresas têm mais de 50% do tráfego e da receita oriundos dessa fonte. Aqui, Sophie precisará entender, junto ao profissional de otimização de sites, quais são os indicadores que se traduzem em resultado e esforço que podem ser acompanhados, de modo que tragam resultados de evoluções a todo esse empreendimento, o que não é fácil.

Na primeira coluna da tabela a seguir, há uma visão dos resultados esperados pelos clientes, e o principal deles é o aumento de receita; na segunda, os esforços necessários. Aqui, eu dou o exemplo relacionado ao SEO, mas para cada canal, teremos visão dos resultados e seus respectivos esforços.

VISÃO DOS RESULTADOS ESPERADOS	ESFORÇOS NECESSÁRIOS
Aumentar a receita	Inspecionar e melhorar a parte técnica do site
Aumentar o número de transações	Produzir conteúdo relevante, relacionado a produtos e serviços
Posicionar o site por palavras-chave relacionadas aos produtos	Cumprir com requisitos de segurança e privacidade
Obter cliques nos resultados de busca	Trabalhar requisitos off page

Falando um pouco do que vi nesses anos trabalhando com SEO, participei de vários projetos atendendo sites de e-commerce. Acessos oriundos de busca orgânica são muito importantes para esse tipo de site, mas é relevante comentar que **eu nunca vi nenhum gerente de e-commerce não falar em receita**, ticket médio, e outras variáveis relacionadas com esses indicadores, ou seja, o cliente entende isso como resultado, para ele são os verdadeiros KPIs. O que não significa que não existirão outros dados que levarão a esse resultado.

KPIs (*Key Performance Indicators*), ou Indicadores-Chave de Desempenho, são métricas utilizadas para avaliar o sucesso de uma organização ou projeto em alcançar objetivos específicos. Eles fornecem uma maneira quantitativa de medir o desempenho em áreas críticas para o sucesso da empresa, ajudam a monitorar o progresso, identificar áreas de melhoria e tomar decisões com base em dados.

Aí, chegamos a tão mencionada, por mim, pirâmide de indicadores, na qual separo, através dos blocos da imagem, os indicadores, definindo os seus tipos, bem como já faço uma reflexão para entender a periodicidade de medição deles.

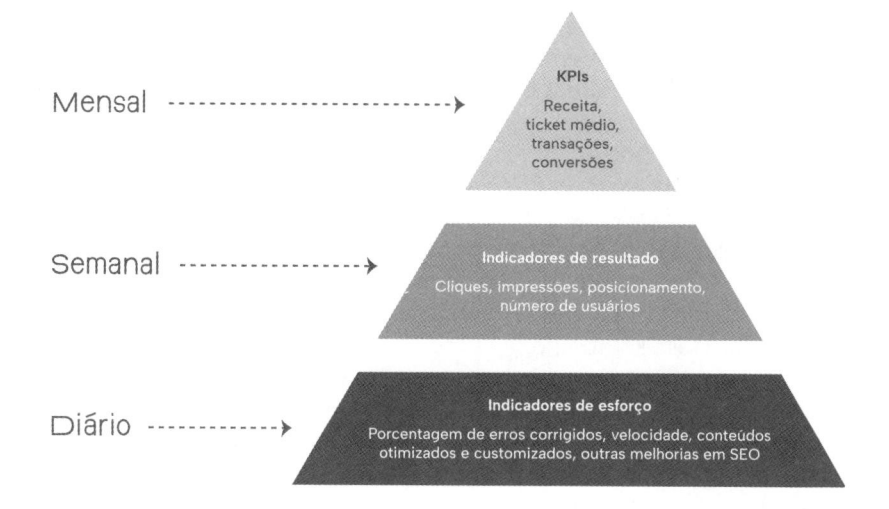

```
Mensal  ----------------→   KPIs
                            Receita,
                            ticket médio,
                            transações,
                            conversões

Semanal ----------------→   Indicadores de resultado
                            Cliques, impressões, posicionamento,
                            número de usuários

Diário  ----------------→   Indicadores de esforço
                            Porcentagem de erros corrigidos, velocidade, conteúdos
                            otimizados e customizados, outras melhorias em SEO
```

Exemplo de uma Pirâmide de Indicadores para um Projeto de SEO.

Como afirma Gustavo Esteves (2023) em seu livro "Menos Achismos e Mais Dados", métricas e indicadores têm tudo a ver com a nossa vida. Para que você entenda melhor, vamos fazer uma analogia: se eu tenho problemas de saúde por conta do meu peso, meus exames não estão bons e preciso emagrecer 10 quilos, as medidas que tomarei para isso serão: fazer uma dieta com base no déficit calórico e acrescentar exercícios na minha rotina.

Perguntas básicas: vai adiantar eu me pesar todo dia? Isso fará uma grande diferença no meu peso mensurar esse indicador todo dia? Certamente que não!

Para os indicadores de esforço, principalmente em projetos de SEO, eu posso ter uma frequência de análise dos dados mais curta, mas para os de resultado e KPIs, talvez valha mais a pena pensar em um período mais longo, visto que os resultados, nesse tipo de projeto, podem demorar um pouco mais.

Mas e se eu estiver falando de campanhas de links patrocinados, como o Google Ads? Você pode considerar uma estrutura parecida, com indicadores de esforço e resultados que serão um pouco diferentes para a sua pirâmide.

Essa ferramenta serve como uma forma didática para explicar o conceito de causa e efeito para os indicadores, **que podem ser adaptados para todas as situações, desde que consideradas as mudanças necessárias**, como a periodicidade das medições. No caso de campanhas de links patrocinados, por exemplo, os eventos acontecem mais rapidamente e talvez não seja necessário um tempo tão grande.

Uma forma que vai colaborar para a formação dos indicadores e o tempo de mensuração, independentemente da área, serão os objetivos do negócio, pois seus objetivos e características vão influenciar totalmente nesse trabalho.

Quais os objetivos de negócio? Embora seja uma pergunta óbvia, é muito importante entender todo o contexto para poder determinar os dados mensurados e o rumo que o projeto vai levar. Como comento sempre, sair detrás das máquinas, conhecer o cliente, as particularidades do negócio, vai levar você a ter uma efetividade maior na sua operação. A seguir uma tabela de modelo, para ficar mais clara a relação entre objetivos de negócio e os KPIs do Google Ads.

OBJETIVO DE NEGÓCIO	KPI DE GOOGLE ADS	TIPO DE CAMPANHA	INDICADORES NECESSÁRIOS	ESFORÇO NECESSÁRIO
Aumentar as vendas online	Taxa de conversão, CPA, AOV	Pesquisa, shopping	Número de conversões, custo por conversão, valor médio do pedido	Otimização contínua de palavras-chave, anúncios e páginas de destino
Aumentar a visibilidade	Impressões, alcance, engajamento	Display, vídeo	Impressões, alcance, cliques, taxa de engajamento	Criação de conteúdo visual atrativo e campanhas de brand awareness

OBJETIVO DE NEGÓCIO	KPI DE GOOGLE ADS	TIPO DE CAMPANHA	INDICADORES NECESSÁRIOS	ESFORÇO NECESSÁRIO
Aumentar o tráfego no site	Cliques, CTR, sessões	Pesquisa, display	Número de cliques, CTR, sessões no site	Pesquisa de palavras-chave, otimização de anúncios, segmentação precisa
Aumentar a fidelidade	Taxa de retenção, LTV	Remarketing, e-mail marketing	Taxa de Retorno, valor de vida do cliente, número de retornos	Estratégias de remarketing, campanhas de e-mail personalizadas

Eu já vi diferentes projetos irem para a direção errada em função de um entendimento incorreto e de um modo automático de tocar projetos em qualquer área, somente como base em *checklists* técnicos e suas metodologias. Com Web Analytics não é diferente.

O analista nessa área é um consultor de negócios, pelo menos na minha visão deve ser assim. Então, entender quais as regras do setor, particularidades, como funcionam os detalhes, é crucial para que elas sejam incluídas no empreendimento.

Eu recomendo sempre que você converse com as pessoas para ver quais indicadores já são avaliados. Isso pode ajudar de diversas maneiras. Mesmo que não sejam os ideais e alguma coisa esteja errada, você poderá partir de um ponto.

Entenda também, sempre, quais são os principais produtos e serviços. Isso é significativo, porque, principalmente em projetos de mídia e SEO, se um dos indicadores está relacionado com palavras-chave, imagine que muitas delas estão relacionadas com produtos e serviços.

Vá a fundo nisso, se produtos e serviços são fundamentais na organização, as ações relacionadas com alguns deles se refletirá em métricas nos seus softwares de análises. Você precisa entender que a campanha A ou B está relacionada a um produto C. Caso contrário, sua análise será superficial.

Outro ponto relevante é que você escolha os indicadores tomando o cuidado para que eles estejam conectados com os objetivos da organização. Isso é muito importante – se um site não vende nada, talvez seu maior desejo seja exposição da marca, isso pode mudar completamente algumas metas de medição. Esse é só um exemplo, mas vamos analisar outro da nossa loja PC Gamers. Nossa personagem, Sophie, sabe que se trata de um e-commercee que boa parte das métricas de sucesso do negócio são financeiras. Sendo assim, é normal que indicadores como de captação de receita do e-commerce, ticket médio, CAC, dentre outros façam bastante sucesso entre os gestores da companhia. Eu comento sempre (inclusive aqui neste livro), em algumas oportunidades que tenho, que nunca vi um gestor de e-commerce que não estivesse preocupado com o faturamento de sua loja. Toda vez que sentei em volta de uma mesa de reunião com esses profissionais, a primeira coisa que me perguntavam era sobre as vendas através do trabalho que eu estava fazendo em mídia, SEO, e-mail marketing, *social media* etc.

Certa ocasião, eu estava com o gestor de um e-commerce da cidade de São Paulo. Eu fazia uma apresentação sobre o trabalho que realizávamos com base em busca paga e busca orgânica. Os números de visitas "orgânica" aumentavam o posicionamento por algumas palavras-chave também, mas a receita não crescia tanto. Ainda era inferior ao ano anterior no mesmo período. Na época, ainda sem tanta experiência, eu evidenciei muito a questão do crescimento orgânico, mas tinha dificuldade de explicar o motivo de as vendas não crescerem. O gerente de e-commerce me disse: *"Erick, entendo o crescimento das visitas, mas esse indicador para mim não tem tanto valor, o que interessa para mim, no investimento na busca orgânica, é aumentar a receita dessa fonte"*. Na época, sem a experiência que eu tenho hoje, não aceitava nem entendia isso. Afinal, para mim, as coisas viriam aos poucos. Olhando para trás, eu vejo que errei em alguns pontos:

- Em não ter explicado no início que isso poderia acontecer por um tempo, afinal, se tratava de um trabalho de busca orgânica, o que demora mais (em alguns casos) para dar resultado financeiro;

- Não focar em palavras-chave de produtos que realmente eram lucrativos e poderiam atrair mais vendas ao negócio;
- Assumir meu erro o mais rápido possível para poder fazer as mudanças necessárias.

Assumir um erro é importante. Recomendo sempre ao leitor que ao errar, assuma o mais rápido possível e inicie os processos de mudança. Evito erros a todo custo, com as ferramentas de gestão disponíveis para isso, mas eles podem ocorrer, afinal, somos humanos[21]. A gestão de mudanças e riscos deve existir em qualquer operação, inclusive de Web Analytics.

Algo que ajuda a evitar erros é a elaboração de planos e gestão. Elabore um plano de como você vai captar os dados. Muitas vezes, você vai depender de diversas ferramentas. Por exemplo, dependendo do *dashboard* que vai utilizar para acompanhar os resultados, você pode precisar de dados do GA4, do Google Search Console, de uma planilha, então, antes de sair construindo um *dashboard*, faça um plano das fontes de dados.

Verifique se as ferramentas utilizadas para a coleta de indicadores estão configuradas corretamente (como comentei anteriormente ao mencionar uma auditoria), se o Google Analytics está captando os dados corretamente, se o Semrush está rodando as auditorias em períodos compatíveis com os períodos de análises que você vai observar esses indicadores (nos próximos capítulos falarei sobre as ferramentas). Isso é necessário, pois já encontrei diversas vezes

---

21   Em um mercado tão exigente, onde é quase proibido errar, assumir uma falha é algo quase que impensável para alguns profissionais, afinal, o medo de uma punição é frequente. Esse pra mim é um paradigma vencido. Hoje eu prefiro assumir meus erros, me desculpar, oferecer uma solução e, quando for o caso, uma indenização, como um desconto, não cobrança das horas de trabalho, ou algo assim. E na minha visão é um assunto que deve ser pacificado do lado do fornecedor e do cliente. Pois o que eu já vi acontecer em alguns casos foram fornecedores que erraram e "esconderam o esqueleto no armário". Isso, em função de uma cultura punitiva, faz com que o mercado não evolua. Como eu gosto de dizer, as empresas são feitas de seres humanos, então, é essencial considerar, sempre que necessário, possíveis erros e lutar para corrigi-los o mais rápido possível, levando em conta a possibilidade de problemas como esses na gestão de riscos do projeto ou programa.

problemas em análise de dados, devido à captação errada deles. Se o Google Analytics estiver configurado errado, os números também estarão. Por isso, quando eu vou elaborar relatórios ou *dashboards*, só faço a configuração das fontes de dados depois dessa verificação.

Eu defendo intensamente as boas práticas de gestão de projetos (o leitor já deve ter percebido isso), e dentro disso é relevante gerar indicadores de todas as fases da gestão.

O ciclo mais comum da maioria dos projetos e programas de Web Analytics que eu me envolvo, incluem verbos importantes, que são: analisar os problemas, executar as melhorias, homologar essas execuções, ou seja, verificar se foi feito esse ciclo e depois medir os resultados.

Por exemplo: existe uma campanha de um produto que está sendo vendido em promoção em um e-commerce. Certamente, existem vários esforços contribuindo para essa ação, como campanhas de links patrocinados, *social media*, e-mail marketing etc. O profissional de Web Analytics pode analisar essa campanha e o esforço empreendido, bem como os resultados alcançados. Junto aos demais profissionais envolvidos, eles podem propor mudanças. Ao executar essas mudanças, os profissionais podem fazer uma homologação delas para ver o quanto do acordado foi executado e, posteriormente, mensurar os resultados. Essa última etapa vai oportunizar uma nova análise e um reinício desse ciclo, como mostra a imagem a seguir.

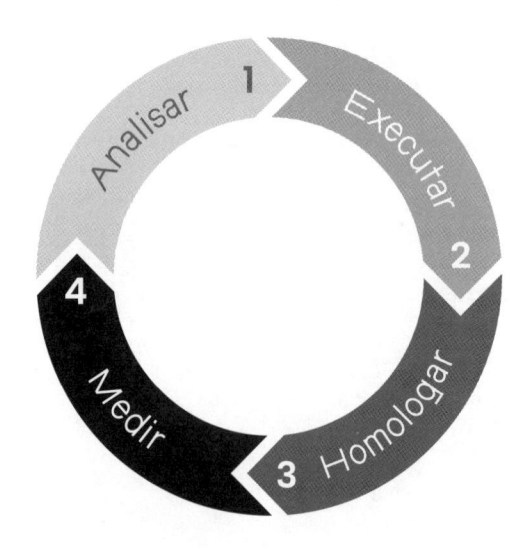

Esse ciclo pode durar todo o período de uma campanha ou mesmo ser adaptado como um ciclo infinito de melhoria da conta.

Trata-se de uma espécie de PDCA (*Plan–Do–Check–Act*), um método de melhoria contínua. É uma metodologia de gestão utilizada para promover a melhoria contínua de processos. Ele envolve quatro etapas: planejar, fazer (executar o plano), checar (monitorar) e agir. Segundo W. Edwards Deming (1982), um dos principais proponentes do ciclo, o PDCA é um modelo dinâmico de melhoria contínua que ajuda as organizações a alcançar níveis mais altos de desempenho.

Outro ponto importante, quando se trata da escolha de indicadores, é você pensar em indicadores SMART. Refere-se a um conceito que aborda metas ou indicadores que sejam: específicos, mensuráveis, atingíveis, relevantes e temporais. Essa ferramenta colabora para que o analista possua um senso crítico de seus indicadores e metas, de modo que eles tenham total relevância para o empreendimento. Em minha carreira eu já vi metas que não faziam sentido nenhum, em alguns casos elas nem existiam.

- **Imagine a seguinte meta:** no caso de um e-commerce, aumentar a receita em 30% quando comparada com o mesmo período no ano passado;

- **Específica:** aumentar a receita em 30%;

- **Mensurável:** através do sistema do e-commerce;

- **Atingível:** aqui está uma grande armadilha. Como a pessoa que determinou essa meta chegou nesse número? O papel aceita qualquer coisa! Essa meta de crescimento de receita vem através de um investimento em publicidade, novas campanhas, novos produtos, mudança de paradigma comercial, necessidade de mercado? O ponto crítico da variável "atingível" deve ser visto do ponto de vista do que possibilitará esse crescimento, do contrário, é só achismo e esperança;

- **Relevante:** o quão relevante isso será para o negócio. Esse é outro ponto meritório a ser discutido sempre, afinal, essa meta precisa estar relacionada com algum objetivo. Em várias reuniões de briefing de que eu participei, perguntei ao cliente quais eram as metas e o quão relevantes eram para os objetivos, e eu notava na maioria das vezes uma dificuldade para conseguirem explicar isso. Questione o cliente sobre a relevância da meta, dentro de um contexto de negócios, de forma consultiva, para que você possa ajudá-lo a entender a importância dessa meta e se necessário, reformulá-la.

A definição de indicadores é um processo que embora pareça ser simples, é trabalhoso, se você quiser associar cada um deles a um objetivo, e, consequentemente, a uma meta maior pensando no conceito de SMART. Por isso, esse exercício fará todo o sentido dentro dessas escolhas e rotinas.

Minha rotina com indicadores

Na minha rotina, seja em campanhas, projetos ou na administração da minha empresa, eu aprendi a não tomar decisões sem olhar para os números antes. Dentro de uma decisão há vários fatores, dentre eles, a experiência é um dos mais importantes. Equilíbrio é o diferencial.

Quais tipos de indicadores acompanho diariamente? Vários, mas dou atenção especial para alguns deles (considerando logicamente o contexto de análise):

CTR (*Click-Through Rate* ou Taxa de Cliques) é uma métrica que mede a eficácia de um anúncio com base no número de cliques que ele recebe, dividido pelo número de vezes que ele é exibido (impressões). O CTR é um indicador de qualidade, pois reflete a relevância e o apelo do anúncio para o público-alvo. Um CTR mais alto indica que o anúncio está atraindo mais cliques em relação ao número de vezes que é exibido, sugerindo que é eficiente e atraente para os usuários.

$$CTR = (\text{Número de cliques} \div \text{Número de impressões}) \times 100$$

Número de usuários: olhar para uma *landing page* e medir a quantidade de pessoas que nela passaram é importante, pois, através desse fluxo, você pode estabelecer alguns padrões interessantes, como de campanhas que trouxeram mais usuários ao site, além de estratégias e posicionamento de promoções. Pensando em usuários, gosto de olhar para as sessões, ou seja, a quantidade de vezes que os usuários entraram no site.

O CPL (Custo por Lead) é uma métrica usada para determinar o custo de aquisição de um lead qualificado. Para calcular o CPL, soma-se todo o valor gasto em campanhas de captação de leads (incluindo publicidade e quaisquer outros custos relacionados) e divide-se pelo número de leads válidos obtidos. É útil considerar apenas os leads qualificados, e não todos os leads que entram no site, para garantir que o cálculo reflita com precisão o custo real de obtenção de leads úteis para o negócio. Isso diferencia o CPL do ROAS (*Return on Advertising Spend*), que mede o retorno sobre o investimento em publicidade com base na receita gerada.

$$CPL = \text{Total gasto em campanhas} \div \text{Número de leads qualificados}$$

ROI (*Return on Investment* ou Retorno sobre o Investimento) é um indicador essencial que considera todos os custos operacionais, incluindo infraestrutura, equipe e investimentos. Usado para medir a rentabilidade geral de um investimento. ROAS (*Return on Advertising Spend*), frequentemente confundido com ROI, é um indicador que foca exclusivamente na eficácia das campanhas publicitárias, calculando a receita gerada em relação ao gasto em publicidade. A principal diferença entre os dois é que o ROI inclui todos os custos de produção e operação, enquanto o ROAS se concentra apenas nos custos de publicidade. O objetivo do ROAS é avaliar a eficácia das campanhas publicitárias.

Veja o seguinte: Se você tem um ROAS de 10, isso significa que para cada real investido em publicidade, você está retornando 10 reais.

$$\text{ROI: ROI} = (\text{Receita} - \text{Custo total}) \div \text{Custo total}$$
$$\text{ROAS: ROAS} = \text{Receita} \div \text{Gasto em publicidade}$$

Custos com base em outras variáveis — custo por visita, custo por download, custo por transação e custo por like são métricas de desempenho em marketing digital que ajudam a avaliar a eficiência de campanhas publicitárias. O custo por visita é calculado dividindo-se o total investido em publicidade pelo número de visitas ao site, indicando quanto custa atrair cada visitante. O custo por download é obtido dividindo o investimento pela quantidade de downloads gerados, útil para medir a eficácia de campanhas de aplicativos ou conteúdos digitais. O custo por transação é o custo médio de cada venda ou conversão completada, essencial para e-commerce e negócios online. Por fim, o custo por like reflete o investimento necessário para receber um "curtir" em plataformas de mídia social, sendo uma métrica de destaque para campanhas de branding e engajamento. Essas métricas permitem aos profissionais de marketing otimizar orçamento e estratégias para alcançar resultados mais eficientes.

Conversões é um indicador do qual você raramente escapará, pois é crucial saber quanto uma campanha está convertendo. É um dos números mais acompanhados e democráticos, interessante para todos, desde o programador do site até o diretor de marketing. No caso de e-commerce, você pode acompanhar as conversões captadas pelo Google Analytics instalado no site. No entanto, há diferenças nos modelos de atribuição que podem influenciar a análise.

O ponto aqui é que, se a conversão é um dos indicadores mais importantes, você precisa definir quais modelos de atribuição serão utilizados para a sua avaliação, pois isso terá um impacto significativo na forma de analisar os resultados.

Receita: principalmente no caso de sites de e-commerce, esse é um dos indicadores mais avaliados. Em reuniões, apresentações, comparativos, esse é o número que as pessoas mais comentam. E eu faço questão de falar sempre: nunca vi um gestor de e-commerce que não perguntasse sobre esse número. A verdade é que você pode combinar a métrica de receita com várias dimensões, como de busca orgânica, *social media*, e-mail marketing, busca paga, dentre outras, podendo entender quais ações estão sendo mais lucrativas para a empresa. A seguir, um exemplo de comparativo, em uma tabela:

CANAL	RECEITA 2024	N. DE CONVERSÕES	INVESTI-MENTO	CPL	ROAS	RECEITA 2023	% DE CRESCIMENTO DE RECEITA
Busca orgânica	R$ 50.000,00	200	R$ 0,00	R$ 0,00	N/A	R$ 45.000,00	11,10%
Google Ads	R$ 30.000,00	100	R$ 10.000,00	R$ 100,00	3	R$ 25.000,00	20,00%
Meta Ads	R$ 20.000,00	80	R$ 5.000,00	R$ 62,50	4	R$ 15.000,00	33,30%
E-mail marketing	R$ 10.000,00	50	R$ 2.000,00	R$ 40,00	5	R$ 8.000,00	25,00%
TOTAL	R$ 110.000,00	430	R$ 17.000,00	R$ 39,53	6,47	R$ 93.000,00	18,30%

Observe que, com esta tabela, é possível comparar a receita de 2023 com a de 2024, além de visualizar o número de conversões, o investimento e outras informações.

Você pode evidenciar esse tipo de comparativo em um gráfico de barras (ou colunas):

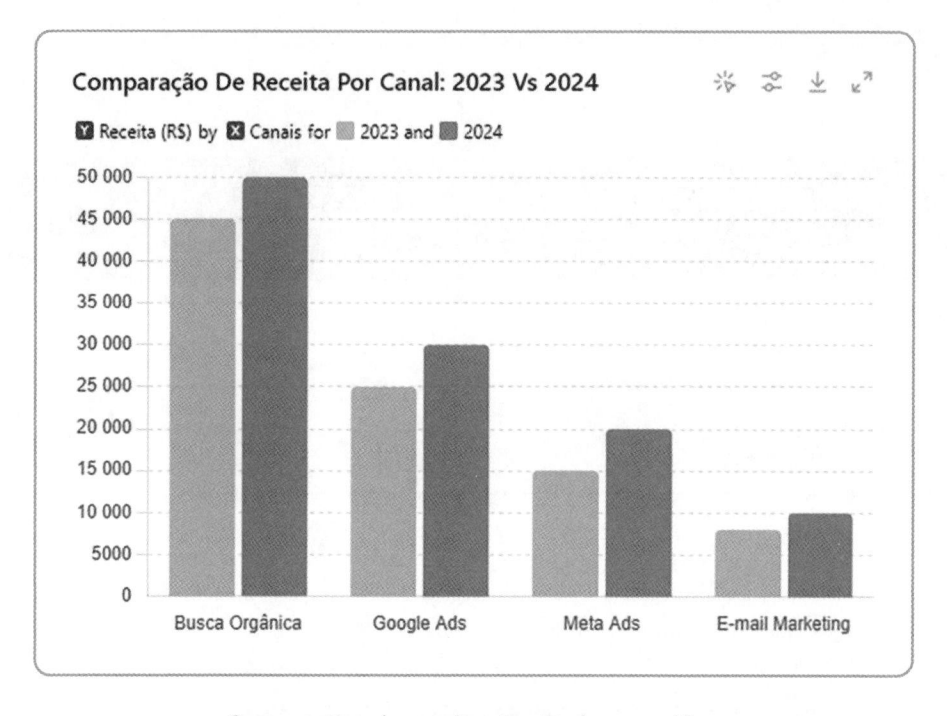

Comparação De Receita Por Canal: 2023 Vs 2024

Receita (R$) by Canais for 2023 and 2024

Canal	2023	2024
Busca Orgânica	45 000	50 000
Google Ads	25 000	30 000
Meta Ads	15 000	20 000
E-mail Marketing	7 500	10 000

Comparativo de receita através de um gráfico mostrando a evolução de uma conta.

A intenção deste tipo de gráfico é comparar um ano com o outro, o tipo de análise mais comum e mais apreciado em algumas reuniões com clientes de e-commerce.

Ticket médio: basicamente, você divide a receita total pelo número total de transações no site para saber o ticket médio da loja. Um ticket médio mais alto é desejável, pois indica que em cada compra o consumidor está colocando mais produtos no carrinho ou comprando itens de valor mais alto. Com base nesse indicador, os lojistas geralmente elaboram estratégias para aumentar o ticket médio, como ofertas de "compre junto", descontos para aumentar o número de mercadorias no carrinho, entre outras. Este indicador é importante porque ao aumentar o ticket médio, a receita da loja também aumenta.

Ticket médio = Receita total ÷ Número de transações

Entre as ideias para aumentar o ticket médio, algumas delas incluem: **descontos por volume**, são oferecidos descontos quando o número de itens no carrinho aumenta; e **promoções e pacotes**, o lojista cria outros pacotes promocionais de produtos relacionados. Profissionais de Web Analytics podem contribuir para melhorar o ticket médio!

Sophie percebe que o ticket médio atual é de R$ 200,00. Ela nota que há oportunidades de aumentar esse valor implementando algumas estratégias. Aqui estão observações e propostas de Sophie:

1. Análise de produtos complementares

- Observação: os clientes frequentemente compram placas de vídeo, mas raramente compram acessórios, como cabos HDMI de alta qualidade ou suportes para monitores junto com as placas;

- Oportunidade: oferecer sugestões de "compre junto" na página de checkout, sugerindo cabos e suportes com desconto quando comprados junto com placas de vídeo.

2. Promoções por volume

- Observação: muitos clientes compram apenas um item por transação;

- Oportunidade: implementar uma promoção na qual os clientes recebem um desconto progressivo por cada produto adicional acrescentado ao carrinho. Por exemplo, 5% de desconto no segundo item, 10% no terceiro, e assim por diante.

3. Pacotes de produtos

- Observação: há uma demanda consistente por componentes de montagem de PC (como fontes de alimentação, gabinetes, e processadores);

- Oportunidade: criar pacotes promocionais de montagem de PC que incluam vários componentes com um preço agregado menor do que a soma dos preços individuais, incentivando os clientes a comprarem o pacote completo.

4. Upselling de produtos de alta qualidade

- Observação: alguns consumidores compram versões básicas de produtos, como mouses e teclados;

- Oportunidade: implementar estratégias de upselling que incentivem a compra de versões premium dos produtos, destacando características superiores e benefícios adicionais.

Sophie propõe implementar essas estratégias e monitorar o impacto no ticket médio ao longo dos próximos meses. Ela planeja realizar uma análise comparativa para avaliar o aumento do ticket médio e ajustar as estratégias conforme necessário. Além disso, outra preocupação dela é o LTV.

LTV é um indicador poderoso principalmente para quem trabalha com e-mail marketing. Entender o quanto um cliente pode contribuir para uma empresa durante um período pode ser um grande coringa para quem faz o planejamento de um negócio online.

LTV é a sigla para *"Lifetime Value"* em inglês, que traduzido para o português significa "Valor Vitalício do Cliente" (ou como alguns gostam de chamar: valor do ciclo de vida útil do cliente). É uma métrica utilizada em marketing para avaliar o valor total que um cliente gera ao longo do seu relacionamento com uma empresa, enquanto for cliente.

Isso é comum em serviços de assinatura e está relacionado com ações de retenção, como a assinatura de um pacote de serviços ou compra rotineira de determinados produtos.

O LTV para pagamento recorrente, por exemplo, apresenta a fórmula:

$$LTV = \text{Valor do ticket médio} \times \text{Tempo médio de retenção do cliente}$$

Ele também pode ser aplicado de outras formas para consumidores recorrentes. Imagine uma loja de tênis que possui clientes frequentes. Se o ticket médio dos seus pedidos é de R$ 300,00, e ele compra tênis três vezes ao ano, e o lojista espera retê-lo por pelo menos cinco anos, o cálculo a ser realizado é o seguinte:

$$LTV = (\text{Valor médio de compra}) \times (\text{Número de compras por ano}) \times (\text{Duração média do relacionamento em anos})$$
$$R\$\ 300,00 \times 3 \times 5 = R\$\ 4.500,00$$

Como o lojista pode usar essa informação? Imagine que fazendo essa análise preditiva, com base em um entendimento de retenção do cliente, é possível manipular estratégias de priorização de retenção e jornada.

No Brasil, ainda gastamos excessivamente para trazer usuários ao site e depois aproveitamos pouco o seu ciclo de vida. Digo isso, pois usamos pouco as estratégias que eu gosto de chamar de "refil", com apoio do e-mail marketing e mensagem push de aplicativos.

Por exemplo: o cliente precisa de tênis para corrida. Esses tênis geralmente têm certa quilometragem, ou seja, a medição de uso em quilômetros. Após isso, o fabricante recomenda a sua substituição. Sendo assim, a loja que vende tênis pode elaborar uma estratégia focada em aumentar o valor da vida útil do usuário, para que ele volte mais vezes e contribua com esse indicador. Isso pode acontecer mediante estratégias de jornadas de e-mail.

Se, em média, o atleta atinge essa quilometragem dos tênis em cinco meses, a cada cinco meses posso impactá-lo com promoções, ou mesmo mensagens engraçadas, sugerindo a troca dos calçados de treino. Use o e-mail marketing para isso! Use a criatividade.

Outro ponto a se destacar é não lembrar desse cliente somente no final do tempo de vida útil do produto. Esse cliente faz aniversário, se identifica com um grupo esportivo e possui outras características que podem ser aproveitadas nesse processo. Considere ações como essas nas jornadas e programações de e-mails.

Tudo isso pode e deve ser considerado por serem chances que você tem para engajar novamente esse cliente com outras oportunidades.

O e-mail marketing pode contribuir bastante para aumentar o LTV, uma vez que trabalha estratégias que privilegiam o retorno do cliente. Sendo assim, é importante abusar de jornadas e campanhas. Deixe pronto sempre nas suas ferramentas de CRM (*Customer Relationship Management*), jornadas de nutrição do lead que considerem o tempo de vida útil dos produtos que ele está comprando (como o caso dos tênis que comentei).

O LTV alto permite que eu diminua, se eu fizer da forma certa, o meu custo de aquisição do cliente (CAC). De uns tempos para cá, o CAC tem sido um dos indicadores mais falados por gestores de e-commerce, afinal, para esses profissionais, mais do que a receita ou o investimento realizado em campanhas, diminuir o custo de aquisição é fundamental.

Esses lojistas sonham em diminuir seus custos com campanhas e aumentar seus lucros, mas nem sempre é assim. O problema que temos hoje é que, como a competição é muito grande, é mais difícil esse cenário. Anos atrás, era mais fácil. Por volta de 2010, nós até conseguíamos cenários bem interessantes, parecidos com esse de pouco investimento, grande resultado e, consequentemente, um CAC baixo. Atualmente essa realidade é diferente. Se você diminui a verba, mesmo de campanhas de sucesso e maduras, é comum que o resultado caia demasiadamente.

Por que isso? Pois além de o "pague por clique" ser o negócio das plataformas – ou seja, você precisa pagar pelo clique para competir –, o número de players (concorrentes) também aumentou.

Por isso o e-mail marketing, *social media*, search engine optimization (SEO) e ações de CRM colaboram tanto para controlar essa balança. Eu aposto sempre no equilíbrio quando se trata de investimento em mídias, pois embora ações como de e-mail e CRM sejam importantes para aumentar o LTV e diminuir o CAC, ainda assim, é necessário que se tenham alternativas pagas para trazer tráfego novo, usuários novos! Afinal, eles vão fazer a roda girar.

Você sabe como procurar usuários novos no Google Analytics?
Entre no GA > Relatórios > Aquisição > Aquisição de usuários. Você encontrará logo abaixo uma tabela com dados de novos usuários, entre outras métricas relevantes para cada uma das respectivas dimensões, como mostra a imagem a seguir.

	Grupo principal...canais padrão)	Novos usuários	Sessões engajadas	Taxa de engajamento
		39.854 100% do total	39.346 100% do total	63,49% Média de 0%
1	Direct	24.482	23.357	54,75%
2	Organic Search	8.605	8.620	77,61%
3	Referral	5.182	4.991	84,61%
4	Organic Social	1.170	1.311	86,53%
5	Email	306	908	78,89%
6	Paid Search	103	62	31%
7	Unassigned	3	2	0,57%
8	Display	1	0	0%
9	Organic Shopping	1	0	0%
10	Organic Video	1	1	100%

Embora você possa gastar menos com ações e jornadas de e-mails, essas ações têm custo, então, para obter um bom retorno oriundo dessas fontes e garantir o LTV, as ações precisam ser pensadas para realmente engajar os clientes da sua base a fazer uma recompra. Sendo assim:

- Trabalhe com bases legais para garantir a conformidade com a lei. Entenda que aumentar o valor da vida útil do cliente é importante, mas desde que ele queira isso também. É comum em alguns trabalhos que envolvem e-mail marketing ser indispensável uma avaliação e higienização das bases para que elas possam estar compatíveis com requisitos legais, como da LGPD e GDPR;

- Seguidamente, as bases são um trabalho necessário para manter o LTV sempre alto. Por que isso? Pois quanto mais informações você tiver sobre o seu cliente, maiores são as chances de aumentar o LTV, afinal, você conseguirá enviar as promoções certas para as pessoas certas;

- Garanta o produto certo para a pessoa certa, não gaste tempo e dinheiro enviando algo para um cliente que não tem interesse naquilo;

- Use os dados a seu favor, estude a base, os números, os comportamentos, faça segmentação com os números e, com base nesses dados, construa suas campanhas.

LTV alto significa que eu vou reter mais tempo meu cliente e automaticamente o meu CAC será menor. Então, para ter sucesso em seus empreendimentos, pense continuamente em uma estratégia que considere sempre aumentar o valor da vida útil do cliente.

Essa é a visão de alguns indicadores que eu olho com mais frequência, contudo, existem diversos outros que eu acompanho. Vou comentar alguns deles no decorrer do livro.

Como eu, **Sophie vai usar essa visão inicial de indicadores** para acompanhar os dados do e-commerce, nas suas primeiras semanas, de forma mais genérica. Mas com o tempo, a ideia dela é – além de um painel genérico, para que todos saibam "em que página estão" – desenvolver *dashboards* específicos para cada uma das áreas com os dados de seus respectivos recortes.

Tirando a questão dos indicadores, o analista precisa ficar atento às configurações das ferramentas que vai utilizar. Se você estiver investindo pesado em várias frentes, como mídia paga, e-mail marketing, SEO, entre outras, e optar no Google Analytics pelo modelo de último clique, pode ter uma interpretação equivocada do: "esforço x resultado", afinal, a ferramenta vai contabilizar a receita de uma conversão somente para o grupo de canal clicado por último. Por outro lado, se o analista optar pelo modelo de primeiro clique, pode acabar ignorando aquele canal que realmente contribuiu para a escolha final. São escolhas que precisam ser feitas para não existirem problemas ou enviesamento de dados.

A configuração adequada e adaptada à realidade do negócio – de ferramentas como o Google Analytics, para que a tecnologia capte os dados conforme o que você quer medir – é essencial. Desse modo, pense bem qual forma de atribuição colaborará para sua análise. Esses são alguns detalhes que devem ser estudados, pois vão influenciar diretamente os seus números.

FERRAMENTAS

Após conversar com seus colegas sobre o trabalho de gestão de tráfego e relacionamento que eles manuseavam, Sophie investiu tempo para verificar as ferramentas utilizadas para captação e visualização de dados oriundos das campanhas do e-commerce. Notou que o site tinha um Google Analytics bem instalado e configurado pela plataforma de e-commerce utilizada, também tinha acessos do Google Search Console. A empresa contava com um analista de SEO que utilizava o Semrush para captar alguns dados de SEO; além disso, um analista de *social media* usava a ferramenta para captar e gerar alguns relatórios com dados de curtidas, engajamento, dentre outros. O analista de busca paga, que administrava as campanhas de publicidade online, trabalhava só com os dados das próprias ferramentas de administração (Google Ads e Meta Ads), além de olhar de vez em quando o Google Analytics. Da mesma forma que os indicadores, não havia padrão de utilização das ferramentas, periodicidade e metodologias de análise estipuladas.

Para os indicadores, na conversa com seus colegas, ela definiu junto a eles que a partir daquele momento todos iriam considerar uma padronização mínima, mesmo que eles mensurassem outros no trabalho do dia a dia. Eles iriam todos mensurar para suas áreas:

- Receita, conversões, ticket médio – como KPIs;

- Número de usuários e sessões – como indicadores de resultados;

- Tempo de trabalho em campanhas e ações – como indicadores de esforço.

A ideia de Sophie é que esse seja um painel executivo genérico para concentrar a atenção de todos. Esses dados ficarão expostos em uma TV na ilha da equipe de marketing digital. Sophie sabe que outros números precisam ser analisados, mas que com isso ela tem um começo.

Os KPIs e indicadores de resultados serão todos coletados via Google Analytics e o tempo de trabalho das ações (horas de trabalho) será coletado através do sistema de gestão de tarefas da empresa. Sophie quer com isso iniciar a resolução de duas coisas: 1) iniciar uma padronização de caminho e ferramentas, ou seja, acostumar a equipe a olhar para os mesmos números na mesma ferramenta, só que pela ótica de sua área. Posteriormente, ela vai determinar metas para cada um deles, que complementarão a meta do e-commerce; 2) começar a implantar uma cultura baseada no esforço e resultado. Ela sabe que deve olhar para outros dados também, mas Sophie entende que, se nesse momento colocar a obrigatoriedade do uso de indicadores em demasia, as pessoas terão dificuldades.

Sophie combinou com a equipe que vão conversar sobre esses dados toda segunda-feira e passou uma atividade para todos: uma espécie de desafio, em que cada área vai trazer seu próprio relatório, mostrando como ajudou a contribuir no resultado geral. Ela entende que, com isso, um pensamento crítico em relação aos números começará a florescer no marketing digital da loja, e, assim, as pessoas vão se acostumar e aprender a utilizar os dados para tomar decisões.

> Sophie – Tenho certeza de que com as ferramentas certas e um processo mínimo, nós vamos conseguir implantar o pensamento analítico na equipe!

Um mecânico precisa de ferramentas para trabalhar. Elas ajudam a ajustar peças, mover outras e agilizar o trabalho por serem feitas ergonomicamente para suas respectivas funções. No caso do Web Analytics é o mesmo. O analista dependerá de algumas ferramentas para coletar os dados e auxiliá-lo a visualizá-los de uma maneira adequada para que possa fazer suas interpretações.

Por que isso é importante? Pois escolher e usar as ferramentas certas automatizará parte do seu trabalho e o auxiliará no dia a dia. Quando comecei minha carreira dentro do Web Analytics, me lembro de fazer cálculo de hits de servidor, classificação de acessos, à mão livre em um papel. Tinha na época ferramentas pouco amigáveis para auxiliar no meu cotidiano. Hoje existe uma infinidade de ferramentas, algumas delas fáceis de usar, que podem ajudar o profissional a interpretar os dados, bem como tornam a rotina de trabalho mais fácil.

Não que as ferramentas disponíveis sejam o trabalho, mas elas ajudam bastante, contudo, precisam ser utilizadas. Treinamento, cultura organizacional e processos auxiliam sempre nesse caminho, ou seja, não dependa só das ferramentas, pois por mais autônomas que elas possam ser, ainda precisam dos seres humanos para configurá-las.

Realizar o setup, isto é, a configuração dessas ferramentas previamente, é importante. Note que no trecho anterior da história da Sophie, uma das primeiras ações dela, referentes às ferramentas, foi verificar a instalação e a configuração do Google Analytics. Por que isso? Pois dados errados podem prejudicar, e muito, as análises que serão realizadas posteriormente, trazendo dados enviesados que por consequência levarão a organização a tomar decisões com base neles.

Certa ocasião, anos atrás, um analista de busca paga me procurou, pois ao comparar os dados que apareciam no Google Ads com os dados no Google Analytics, havia algumas diferenças. O que poderia ser normal, visto o modelo de atribuição utilizado por cada uma das ferramentas na época, filtros, entre outras coisas.

Atualmente a ajuda do Google Analytics[22] relata que no geral, ao comparar, esses números são iguais, mas que em algumas circunstâncias podem apresentar números diferentes.

Na ocasião percebemos que não se tratava de uma simples diferença, mas algo que realmente poderia ser tratado como anomalia[23]. Ao verificar melhor, notei que havia um problema de atribuição de conversões e visitas que estava prejudicando a mensuração correta dos números pelo Google Analytics. A ferramenta estava perdendo a origem e não contabilizando visitas e conversões oriundas da busca paga que, assim, estavam sendo contabilizadas por outro grupo de canais. Na época, os analistas de marketing tomavam decisões sobre ações, verbas, campanhas etc. olhando para esses dados na ferramenta, ou seja, **tomavam decisões com base em números errados!** Tenho diversos exemplos como

---

22 Saiba mais em: *https://support.google.com/analytics/answer/1034383?hl=pt-BR#zippy=%2Cneste-artigo*.

23 No contexto de Web Analytics, uma anomalia é um valor ou padrão que se desvia significativamente do esperado, indicando possíveis erros, fraudes ou eventos incomuns.

esse, por isso, sempre que olho para um novo Google Analytics que tenho acesso, ou qualquer outra ferramenta de mensuração de dados, busco, acima de tudo, verificar se suas configurações estão corretas.

Para o leitor entender melhor, isso seria como comprar um carro novo e testar para saber se o velocímetro e outras ferramentas de *feedback* em tempo real estão funcionando.

Uma vez, fiquei parado com um carro na rua, pois o medidor de combustível dizia que o carro tinha gasolina, mas o tanque estava vazio, isso significava que eu estava lendo os dados errados e tomando decisões que colocaram em risco a objetividade do meu percurso. É exatamente assim nos processos de *Business Intelligence*.

Sempre no início de um projeto de implantação de uma cultura baseada em Web Analytics, eu gosto de fazer uma verificação das ferramentas que serão utilizadas para a checagem dos números. Tenho um processo que eu chamo de "**Setup de ferramentas**".

ITEM	DESCRIÇÃO	VERIFICADO (✔)
Configuração básica		
Verificar instalação	Certificar que todas as tags de ferramentas de Web Analytics estão instaladas	
Testar tags	Usar ferramentas como Google Tag Assistant para testar tags	
Google Analytics 4 (GA4)		
Verificar eventos	Conferir se eventos estão sendo rastreados corretamente	
Configurar objetivos	Verificar se os objetivos e metas estão configurados corretamente	
Checar filtros	Assegurar que filtros de IP interno e tráfego indesejado estão ativos	
Google Tag Manager		
Revisar contêineres	Verificar se os contêineres estão configurados corretamente	
Testar disparo de tags	Usar modo de pré-visualização para testar disparo de tags	

ITEM	DESCRIÇÃO	VERIFICADO (✔)
Google Search Console		
Verificar erros de rastreamento	Identificar e corrigir erros de rastreamento	
Checar cobertura do índice	Verificar se todas as páginas importantes estão indexadas	
Looker Studio		
Verificar conectores de dados	Assegurar que os conectores de dados estão funcionando corretamente	
Conferir precisão dos *dashboards*	Garantir que os *dashboards* estão mostrando dados precisos	
Ferramentas adicionais		
Verificar integrações	Checar se todas as integrações com outras ferramentas estão ativas	
Conferir relatórios	Assegurar que os relatórios estão sendo gerados correta e regularmente	

Produzi a tabela anterior como exemplo de lista de checagem de ferramentas que você, como analista, pode utilizar no início de seus projetos. Note que na coluna "verificado", você pode assinalar a verificação e colocar, se necessário, alguma observação. Contudo, é só uma amostra. Customize e aprimore este *checklist* conforme seu conhecimento evoluir. Você vai notar que o Google Analytics exige uma lista de checagem só dele!

Hoje, em diversos dos sites de e-commerce existentes no Brasil, uma das ferramentas mais utilizadas para captação de dados de tráfego é o Google Analytics. Ele foi modificado e aprimorado ao longo do tempo, e hoje é um excelente recurso para que analistas façam seus estudos.

Google Analytics

O Google Analytics foi uma grande descoberta para muitos profissionais. Representou a possibilidade de sair da contagem manual de hits, pouco amigável, para o sistema que o mundo todo utilizou nos anos seguintes.

O Google Analytics foi construído baseado no Urchin, adquirido pelo Google por volta de 2005. Desde então, a empresa aprimorou a ferramenta em termos de usabilidade, métodos de coleta de dados, indicadores, informações, inclusive integrando ela com outros sistemas como o Google Ads, Google Search Console, dentre outros.

Passou por diversas atualizações. A mais marcante para mim foi em 2011, quando implantaram o tal *not provided* nas origens de tráfego. Pararam de mostrar as palavras-chave oriundas de algumas pesquisas, o que impactou diretamente o trabalho de SEO que eu fazia na época para alguns de meus clientes. Para muitos analistas da área, foi um retrocesso.

Outra atualização de destaque foi o próprio Universal Analytics, que começou a ser liberado entre o final de 2012 e o início de 2013. Ele introduziu o rastreamento de usuários em múltiplos dispositivos, medidas personalizadas e melhorias no comércio eletrônico, oferecendo uma visão detalhada do comportamento do usuário.

O Google Analytics 4 (GA4) é a nova versão da ferramenta de Web Analytics do Google. A principal diferença, notada por analistas, entre GA Universal (versão anterior) e GA4, é que a nova versão já tem por padrão a mensuração de web e aplicativos em uma só propriedade.

Há priorização da análise de jornada *omnichannel*[24], o que é compatível com nossos dias atuais, afinal, o usuário navega de forma não linear por diversos dispositivos, sistemas, até a conclusão de sua meta.

---

24 Integração de múltiplos canais de comunicação e vendas (lojas físicas, online, aplicativos, redes sociais etc.) para oferecer uma experiência de compra contínua e unificada, permitindo que os clientes transitem entre eles sem interrupções.

Uma ferramenta importante para quem trabalha com marketing digital

O GA acabou se tornando uma das **ferramentas mais importantes para quem trabalha com marketing digital**. Guarda a história do site em forma de números e informações. Quer saber a história digital de um negócio? Olhe para o Google Analytics.

Lembro-me da palestra de um engenheiro do Google que comentou que o GA tinha sido construído para possibilitar pequenos negócios que não tinham verba para investir em ferramentas de Web Analytics. E foi assim por anos.

A verdade é que, em quase 20 anos de carreira, a quantidade de clientes que tive usando a versão *free* da ferramenta sempre foi maior que os que usavam a versão paga.

De fato, é uma das melhores ferramentas de Web Analytics que tive contato[25]. **Ele permite que você meça todo o fluxo de dados no seu site**, como:

- A interação de usuários, ou seja, o que eles estão fazendo no site e como o site responde a essas interações, através de eventos e páginas que são oferecidas na navegação;

- Quantos retornaram, essa é outra informação relevante. Como comentei, quando falei do indicador de LTV, aumentar o valor gasto, no tempo de vida útil do cliente no negócio, é algo a ser considerado, mas, para isso, é necessário que você faça um aproveitamento do seu tráfego e mantenha-o sempre estimulado a saber as novidades do seu negócio. No Brasil ainda gastamos muito para trazer o usuário pela primeira vez ao site, mas pouco para construir um relacionamento com a marca. Essa tem sido uma crítica minha em muitas estratégias que vejo por aí;

---

25   Existem outras ferramentas, como o Adobe Analytics, que podem ser uma alternativa ao Google Analytics. Contudo, para este livro, optei por centralizar os exemplos no GA4, uma vez que é a ferramenta em que sou especializado e que entendo que pode ser mais didática ao leitor.

- Número de conversões, receita, produtos comprados, entre outros dados que fazem a loja funcionar. Principalmente para e-commerce, esses indicadores são fundamentais. Eu sempre uso informações de produtos mais comprados para compatibilizar esses dados com campanhas e outras estratégias de campanha. Por exemplo, para esses produtos mais vendidos: Como eles estão sendo anunciados? O que está dando certo? São os produtos que o lojista quer vender mais? – entre outras perguntas que podem ajudar a potencializar as estratégias de atração e retenção;

- De onde as pessoas estão vindo, pois é preciso saber quais os canais mais importantes de geração de visitas e negócios do site. Eu gosto de observar quais são esses canais, quais trazem mais visitas, receita, entre outros dados. Na imagem abaixo, é possível notar que o e-mail não é a principal fonte de novos usuários, mas que é a terceira fonte quando se refere à receita. O que isso quer dizer? Que pela característica do trabalho de e-mail marketing, eles estão vendendo bem através desse canal, aproveitando os usuários que já entraram no site e fizeram alguma compra. Nota-se nessa tabela que a marca deve fazer um excelente trabalho de branding, afinal, o acesso direto é uma das principais formas de acesso. Também podemos afirmar, que da parte de SEO, a lição de casa está em dia!

	Grupo principal...canais padrão)	Novos usuários	Sessões engajadas	Taxa de engajamento	Sessões engajadas por usuário	Tempo médio de engajamento	Contagem de eventos Todos os eventos	Conversões Todos os eventos	Receita total
		42.596 100% do total	40.433 100% do total	61,96% Média de 0%	0,84 Média de 0%	1 min 04 s Média de 0%	821.610 100% do total	77.056,00 100% do total	$ 107.851,85 100% do total
1	Direct	27.079	24.466	53,23%	0,78	1 min 09 s	576.426	45.916,00	$ 89.055,07
2	Organic Search	8.700	8.600	77,61%	0,92	49s	128.061	14.778,00	$ 8.236,80
3	Referral	5.283	5.047	83,46%	0,95	47s	73.562	11.256,00	$ 2.373,80
4	Organic Social	1.185	1.306	85,53%	1,05	1 min 39 s	20.745	2.902,00	$ 1.437,18
5	Email	250	600	78,9%	1,31	1 min 53 s	17.541	1.841,00	$ 6.387,30
6	Paid Search	84	66	33,33%	0,76	11s	1.075	17,00	$ 0,00
7	Unassigned	11	8	1,86%	0,02	38s	2.481	138,00	$ 204,00
8	Display	2	0	0%	0,00	0s	8	0,00	$ 0,00
9	Organic Shopping	1	0	0%	0,00	0s	3	0,00	$ 0,00
10	Organic Video	1	1	100%	1,00	0s	4	1,00	$ 0,00

Comparativo de tráfego por grupo de canais no Google Analytics.
Relatórios > Ciclo de vida > Aquisição > Aquisição de usuários.

Por esse motivo, gosto sempre de realizar esses comparativos, de modo que eu possa fazer interpretações como essa, e o Google Analytics permite isso. Como comentei algumas vezes, essa ferramenta é excelente em trazer tendências de dados e não números exatos, em virtude das suas limitações de captura. Alguns analistas, preferem olhar dados de venda através de outras plataformas, mas o problema é que muitas delas não trazem comparativos ricos, como esse que comentei anteriormente.

- O analista poderá visualizar as páginas mais visitadas para entender por onde o usuário está navegando, tendo mais ou menos interações. Imagine que um site pode ter acréscimo em suas visitas, em virtude de campanhas que são lançadas. Contudo, eu já vi casos em que, mesmo assim, as vendas não aumentaram. Isso pode acontecer por diversos fatores, entre eles, anúncio para a página errada, falta de interesse no produto, utilização de palavras-chave incorretas, fatores esses que trouxeram tráfego desqualificado, entre outros motivos. É importante entender qual a melhor abordagem nesse sentido, para ver se as páginas mais visitadas representam o desejo real de tráfego e fluxo de minhas campanhas e outras ações de marketing.

Há uma série de números que podem auxiliar o analista de *Business Intelligence* focado em números da web a entender o que está acontecendo com o negócio na internet. O Google Analytics é uma excelente ferramenta para isso.

Vou dar outro exemplo. Realizo em alguns projetos análises preditivas[26,] e sempre tenho como base as séries temporais captadas pelo GA. Geralmente, configuro a faixa de tempo necessária e, após processados esses dados, o GA permite que eu faça o download em formato .csv e, finalmente, utilize os dados em meus programas em R[27].

---

26   Saiba mais sobre análises preditivas em: *https://tinyurl.com/yjmkdvvm*.

27   Artigo sobre como uso o R para esse tipo de análise: *https://tinyurl.com/y7f4cha4*.

Instalação do GA4

A instalação do Google Analytics não é difícil, mas alguns procedimentos devem ser observados[28].

1. Primeiro, entre no endereço *https://analytics.google.com* e faça seu login. Perceba que é necessário que você tenha uma conta Google;

2. Você precisará criar uma **conta**, colocar nome e escolher se deseja compartilhar dados para produtos e serviços Google – minha dica aqui é colocar o nome da empresa, uma vez que ela pode ter vários sites. Clique no botão próximo;

3. Dê um nome para a sua **propriedade**, normalmente eu coloco o nome da empresa. Será necessário escolher fuso horário, eu recomendo sempre que você faça isso e finalmente, moeda; e

4. Dados da empresa: aqui o GA vai pedir alguns dados para saber mais sobre o negócio, como tamanho da empresa e o motivo pelo qual você está implantando a ferramenta.

Na propriedade, você precisa criar um fluxo de dados. É ele que fará a coleta de dados para o seu site ou aplicativo.

Para o nosso ensaio, consideremos uma instalação básica em um site. Então siga os seguintes passos:

1. Acesse na coluna propriedade **fluxo de dados**;

2. Clique no botão **adicionar fluxo** e escolha **web**;

---

28 Note que a maioria dos passos a seguir mostra os procedimentos de instalação da época em que o livro foi escrito. Como se trata de uma ferramenta que está em constante evolução, mudanças podem ocorrer, exigindo que o leitor faça alguma adaptação.

3. Para configurar o fluxo, será necessário colocar a URL do site, corretamente[29] e dar um nome ao fluxo (ex: site principal, blog etc.); e

4. Clique no botão **criar fluxo**.

Após criado o fluxo, caso ele não mostre as opções de instalação, você pode acessar seu fluxo em **Propriedade** > **Fluxo de dados** > clique no fluxo criado.

O GA vai abrir uma janela com os **detalhes do fluxo web**. Você verá algumas das informações que colocou e mais algumas configurações que pode fazer. Por ora, vamos focar na instalação da tag.

Há um quadro no final dessa janela, **Tag do Google**. Clique na linha "**Veja as instruções da tag**" e na próxima janela acesse o menu **Instalar manualmente**.

Você poderá visualizar a tag do Google Analytics. Faça uma cópia dela e envie para o programador responsável pela manutenção do site. Peça para que ele a inclua em todas as páginas do site sempre dentro da tag HTML <head>. O código que será incluído é parecido com esse a seguir:

```
<!-- Google tag (gtag.js) -->
<script async src="https://www.googletagmanager.com/gtag/js?id=G-XXXXXXXXXX"></script>
<script>
  window.dataLayer = window.dataLayer || [];
  function gtag(){dataLayer.push(arguments);}
  gtag('js', new Date());
  gtag('config', 'G-XXXXXXXXXX');
</script>
```

---

29 Tome o cuidado de colocar o endereço correto, pois um erro aqui vai impedir a exata medição do seu site.

Outra alternativa é fazer a instalação pelo Google Tag Manager (GTM) que é o gerenciador de tags do Google. Trata-se de uma ótima ferramenta para inclusão de códigos e outras funcionalidades que permitem ao analista customizar sua análise.

Aqui, para fins didáticos, estou mostrando a instalação manual, na qual você precisará da ajuda do programador responsável pelo site, que vai cuidar de todo o processo e colocar o código em todas as páginas do site.

Caso opte por instalar via GTM, siga as instruções da ajuda do Google:

https://support.google.com/tagmanager/answer/9442095?hl=pt-BR

Outro ponto a se considerar é a instalação do Google Analytics 4 em sites de e-commerce. Trata-se de uma instalação avançada e, em alguns casos, de um projeto complexo.

Muitas plataformas de e-commerce já possuem esquemas facilitadores para essa instalação, tornando todo o processo muito mais fácil; em outros casos é exigido um esforço maior para esse fim. Como não se trata de um livro exclusivo sobre Google Analytics e a documentação acerca da sua instalação é extensa, recomendo que o leitor leia o guia de instalação do Google Analytics[30].

Alerta: erros de configuração no Google Analytics

Se pararmos para pensar, uma das grandes alavancas da internet no Brasil tem sido o e-commerce. Ele fez com que os profissionais e empresas evoluíssem, buscando formas de melhorar suas vendas, campanhas de marketing, entre outras ações que aumentassem a receita de seus comércios.

Tive a felicidade de acompanhar essa evolução de perto, pois trabalhei como consultor para várias dessas lojas. Pude observar o desenvolvimento de processos de Web Analytics em diversos sites de e-commerce, embora alguns problemas ainda existam.

---

30 Disponível em: *https://developers.google.com/analytics/devguides/collection/ga4/set-up-ecommerce#before_you_begin*.

Em uma conversa recente com um amigo que trabalha com sites de e-commerce, ele relatou o caso em que solicitou acesso à ferramenta de Web Analytics (era o Google Analytics 4) de um cliente. Este, por sua vez, mencionou que a ferramenta estava com erros na configuração. O que ele pensou naquele momento foi: *se ele sabe que a configuração está errada e os dados, consequentemente, também estão, por que não corrigiu?*

Ferramentas com problemas de configuração e medição de dados incorretos não são novidade no mercado; isso ocorre há muito tempo. A diferença que percebo é que hoje as pessoas talvez se preocupem mais com isso. Contudo, muitas vezes, o problema fica apenas na preocupação, seja por incapacidade de realizar a configuração correta ou por não saber por onde começar a resolver, ou ainda por não conseguir comprovar o problema, o que acaba resultando em falta de habilidade.

Atualmente, você não precisa se preocupar em realizar a configuração do Google Analytics 4 por conta própria. Existem empresas especializadas nisso. Mas o que quero destacar aqui, e que considero importante, é que a configuração das ferramentas a serem usadas para mensurar os dados de um site de comércio eletrônico ou mesmo de serviços deve ser revisada regularmente (como no *checklist* que apresentei anteriormente).

Insisto muito, com as empresas de e-commerce para as quais dou consultoria, para que sempre realizem uma inspeção em suas ferramentas antes de utilizar os dados apresentados. Se você usa o Google Analytics, existem vários tipos de testes que pode fazer para saber se seus dados estão corretos.

Um exemplo clássico é a discrepância nas vendas. O Google Analytics é uma ferramenta de captação e tendências; ele não mostrará dados exatos devido às suas limitações na captação. Se você comparar os dados com os de sua ferramenta de vendas do e-commerce, notará diferenças significativas.

O GA4 captura as vendas, mas não sabe se o cartão de crédito foi aprovado, se o boleto ou pix foi pago. Ele captura alguns eventos e, com base neles (como no caso do evento "purchase"[31]), entenderá o acontecimento como uma venda, registrando valor, produto, entre outros dados essenciais. Normalmente, há uma diferença entre os números de vendas no sistema do e-commerce que registra a venda faturada. Essa diferença é que as vendas faturadas serão sempre menores do que as captadas..

Um erro que normalmente encontro em casos assim, quando há uma configuração errada, é as vendas captadas serem menores do que as faturadas. Aqui temos um caso em que na maior parte das vendas o GA4 está perdendo devido a alguma anomalia que está prejudicando o tagueamento (como quebra no código) ou um problema no tagueamento em si. A penúltima situação, nos casos que vivenciei, acontece mais frequentemente, algo na página que quebra o tagueamento.

Outro erro comum é uma taxa de quebra grande, ou seja, a quantidade de transações registradas pelo Google Analytics 4 é muito superior aos números registrados de faturamento. Como comentei, o GA4 captura a transação, mas não consegue verificar se ela chegou a ser faturada ou não. Explicando em termos simples, ele não tem a informação se deu tudo certo com a venda! Se o cartão de crédito foi aprovado, se o pix foi pago, como mencionei.

Também já encontrei erros nos quais a ferramenta perde a referência de origem e dados, como: usuários, sessões, entre outros – atribuindo esses dados ao grupo de canal errado.

ATENÇÃO: aproveito este momento para explicar algo importante, e talvez volte a este assunto algumas vezes. A diferença entre usuários e sessões. Um usuário é um indivíduo único que interage com o site (ou aplicativo, dependendo do contexto). Já uma sessão representa o período em que um usuário está ativamente envolvido com o site. Uma sessão começa quando o usuário acessa o site e termina após um período de inatividade ou quando o navegador é fechado (dependendo aqui do método e da ferramenta). Um único usuário pode gerar várias sessões se visitar o site várias vezes.

---

31   Trata-se de um dos eventos do Google Analytics que captam informações sobre vendas online. Veja os detalhes em: *https://developers.google.com/analytics/devguides/collection/ga4/reference/events?sjid=12919440753049418629-SA&client_type=gtag#purchase*

Quais as formas de evitar esses erros?

Na minha visão, a melhor forma é através da gestão de riscos. Uma coisa que eu faço é: mantenho um repositório de todos os projetos que participei e tive contato, e de possíveis riscos que podem acabar se concretizando, levando em conta que existam problemas maiores, bem como os seus respectivos planos de prevenção e mitigação. Assim, em todos os projetos de implantação de Google Analytics ou qualquer outra ferramenta, eu previno os problemas antes que eles possam surgir.

Existem alguns erros comuns que são capazes de acontecer em ferramentas como o GA4 que você pode evitar. Falo aqui dessa ferramenta pois é uma das mais usadas no mercado, então, vamos a alguns erros e como você pode evitá-los:

- Código de acompanhamento incorreto: ao copiar e colar o código de acompanhamento no site, é fácil cometer erros. Certifique-se de copiar o código corretamente e de colocá-lo nas páginas certas do seu site. Além disso, tenha certeza de que você está colocando o código de acompanhamento certo no site certo! Uma prevenção para isso é uma checagem posterior, um processo de controle de qualidade, quando alguém pode verificar posteriormente se o código inserido é o correto. Lembrando que quem faz o controle de qualidade nunca é quem executou a tarefa. Esta solução pode ser usada para o próximo risco a ser mitigado;

- Código duplicado: colocar o código de acompanhamento mais de uma vez em uma página pode causar problemas. Isso pode resultar em dados inflacionados e imprecisos;

- Erros de instalação do Google Analytics: o código de acompanhamento do Google Analytics deve ser colocado no local estipulado, ou através do Google Tag Manager. Inseri-lo em outro local, ou fora da instalação padrão, pode impedir que os dados sejam coletados corretamente;

- Configuração incorreta de eventos: se você configurou eventos no Google Analytics, certifique-se de que a configuração está correta. Erros na definição de eventos podem levar a interpretações incorretas dos dados. Um erro comum que acontece é a definição de um evento e, na hora de estipular como ele deve ser disparado, o disparador não funciona. Também pode acontecer que, quando funciona, duplica ou triplica o evento. No caso, o acionamento configurado pode estar ativado de maneira errônea, causando esse problema;

- Problemas de redirecionamento: se o site possui redirecionamento, certifique-se de que o código de acompanhamento esteja presente em todas as páginas. Se o carrinho de compras envolve redirecionamentos, certifique-se de que o código de acompanhamento GA4 esteja presente nas páginas de destino após o redirecionamento. Isso pode ser feito incluindo o código de acompanhamento nas páginas de confirmação de compra ou páginas de agradecimento após o redirecionamento. Essa ação é necessária para que você não perca os dados que precisa analisar;

- Erros de JavaScript (JS): problemas com a execução do JavaScript no site podem afetar a coleta de dados. Ferramentas como o GA possuem um código que você coloca no seu site, mas, normalmente, existem outros JS oriundos de comportamentos e funções no site. Um deles pode quebrar, por algum motivo, e causar um efeito cascata. É por isso que se evita colocar o código de rastreamento depois de outro código JavaScript.

Realize testes

Após a configuração, teste e valide os eventos e a localização do código do Google Analytics, para garantir que as páginas estão sendo rastreadas corretamente. Use o recurso "**Panorama do usuário**" para verificar se os eventos estão sendo acionados conforme o esperado.

Para isso, vá em **Relatórios** > **Tempo real** > e no canto superior direito clique em **Panorama do usuário**. Ali você verá alguns eventos sendo disparados conforme o usuário utiliza o site. Outra forma de realizar testes é pelo próprio Google Tag Manager, ao visualizar os eventos configurados.

Características importantes do GA4

Você consegue encontrar algumas das informações da versão anterior no GA4, só que em locais diferentes: o menu Página Inicial, você encontra como primeira opção ainda; Tempo Real, que era um menu bem visível na versão antiga, agora está dentro do menu Relatórios, onde é necessário clicar para entrar; em Aquisição, você não tem mais as informações que tinha por padrão, de visitas pagas, orgânicas etc. Houve uma mudança grande ali.

Outro ponto que chama a atenção é a não existência de vistas, pelo menos até a conclusão deste livro[32].

A impressão que tenho é de que estão querendo tornar o GA4 um centralizador de dados e jogar cada vez mais para o Looker Studio (ferramenta sobre a qual falaremos em breve) a elaboração de relatórios para análise.

Através dele é possível a divisão de perfis, datas, entre outros parâmetros significativos, que antes você podia fazer facilmente (ou já vinham prontos) no Google Analytics.

Há algumas vantagens bem importantes nesta versão, como:

- Abordagens significativas centradas em regulamentações e políticas de privacidade[33]. Atualmente, há uma grande demanda na sociedade por normas que privilegiem os direitos do usuário. A Europa saiu na frente com algumas regulamentações, depois, Estados Unidos e Brasil seguiram a mesma linha. Em terras tupiniquins temos a Lei Geral de Proteção de Dados. Dessa forma, o Google se adaptou para atender a essas regulamentações;

- Anonimização de IPs por padrão;

---

32 Trata-se de uma ferramenta em constante evolução, portanto, mudanças podem acontecer.
33 Saiba mais em: https://tinyurl.com/3ddp4fx8.

- Uma visão mais ampla do usuário (aplicativos e sites) – como comentei, o usuário navega entre dispositivos e aplicações de forma não linear, sendo assim, uma evolução na ferramenta; e

- Maior capacidade de inteligência preditiva em seus *insights*. Creio que o Google utilizará cada vez mais o próprio aprendizado de máquina para fornecer informações importantes aos seus usuários, com sugestões baseadas em análises.

Todo analista deveria olhar com carinho para o Analytics *Insights*

Sophie tinha um hábito sempre que começava a trabalhar: olhava o Google Analytics da empresa. Isso era um ato costumeiro que ela adquiriu depois que leu um livro onde o autor comentava que um analista deveria sempre começar seu dia olhando para os dados, entendendo o que aconteceu ontem e definindo se era necessário alguma ação imediata no presente. Principalmente agora que ela trabalhava em um e-commerce de computadores, fazia sentido olhar principalmente os dados de campanha para avaliar seus respectivos números e oferecer análises aos responsáveis por elas.

Os *insights* automáticos, no Google Analytics 4, apresentam informações sobre o desempenho geral, campanhas, cliques, aquisição de usuários, informações demográficas, dentre outras, com apoio de inteligência artificial. O recurso dá pistas determinantes para o dia a dia do analista, como, **busca por anomalias** e tendências.

"A 'Detecção de anomalias' é uma técnica estatística usada pelo Analytics Intelligence para identificar falhas nos dados de série temporal de uma determinada métrica e dentro de um segmento no mesmo período de tempo."

(Ajuda do GA4[34])

Para acessá-lo, basta clicar no link no canto superior direito da tela nos relatórios da ferramenta.

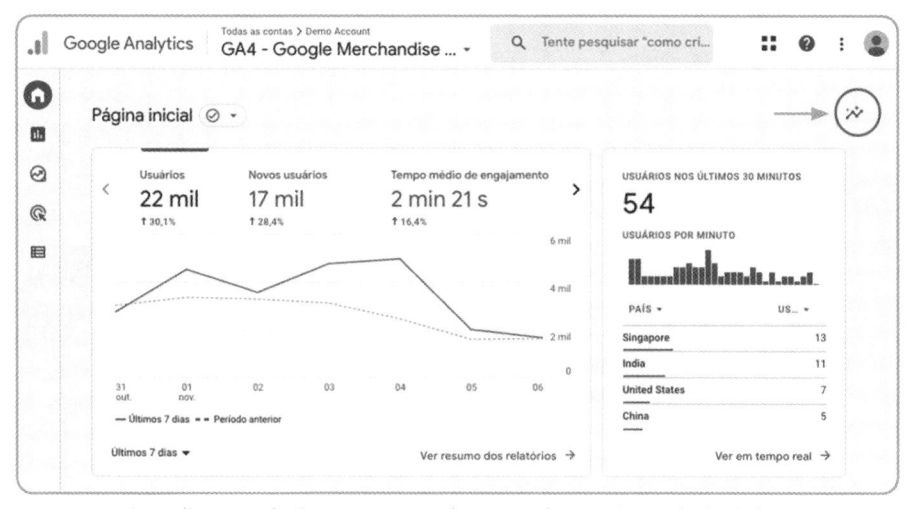

Localização do ícone para a abertura dos cartões de insights.

Esse recurso permite a análise e tomada de decisões para melhoria de campanhas, além de servir como alerta para prováveis problemas, pois ele pode avisar caso anomalias sejam detectadas. Diversos sistemas de Web Analytics possuem recursos como esses, com geração de alertas customizados.

Na página inicial você pode observar os *insights* rolando a página até o final. Clique em **Ver todos os *insights*** para o relatório mais completo.

---

34 Disponível em: *https://tinyurl.com/3p772cnm*.

Painel de insights na página inicial do Google Analytics.

Para obter mais detalhes, clique no cartão com a informação que você quer esmiuçada.

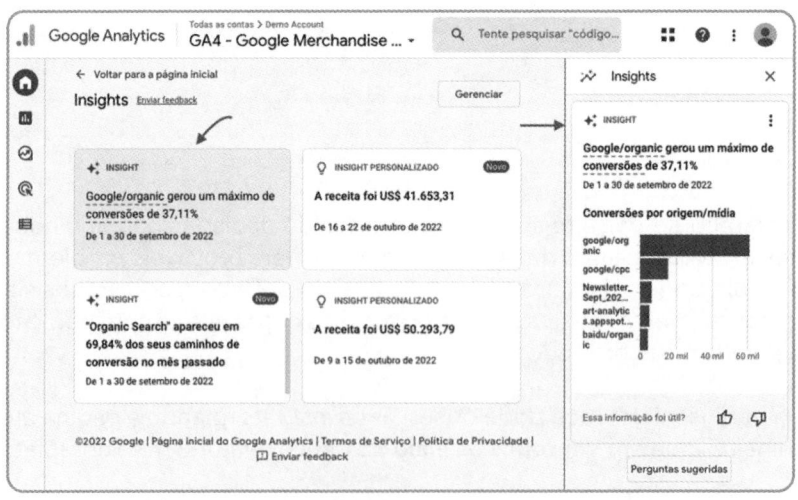

Painel de insights com mais informações. Note o sucesso que a busca orgânica está fazendo neste caso.

Passo a passo para criar seus *insights*

Você pode criar *insights* personalizados, no Google Analytics 4 (até cinquenta por propriedade), customizados, para dar informações essenciais para o seu dia a dia. Receba esses alertas por e-mail.

1. Clique em **Ver todos os insights**;

2. No canto superior direito, clique no botão **Criar**. Caso não exista nenhum, pode ser que apareça a caixa em destaque;

3. Preencha os campos do *insight* que você quer deixar programado;

4. Você precisará escolher a frequência da avaliação, que pode ser por hora, diária, semanal, mensal;

5. Depois, será necessário colocar o segmento. A ferramenta já deixa marcado: "Todos os usuários", como segmento padrão. Para mudar é só clicar em "Alterar". Você pode configurar segmentos para cidade, país, campanha, idade e muito mais. Tudo depende de quais informações são mais relevantes;

6. Será necessário, também, escolher a métrica. Há várias opções, como: contagem de eventos, conversões, entradas, envolvimento do usuário, dentre outras. Em seguida, escolha o nome e clique em **Criar**, no canto superior direito.

Observe, na imagem a seguir, que criei uma regra que verificará diariamente e me avisará caso a porcentagem de visitas de hoje seja 20% menor do que a de ontem.

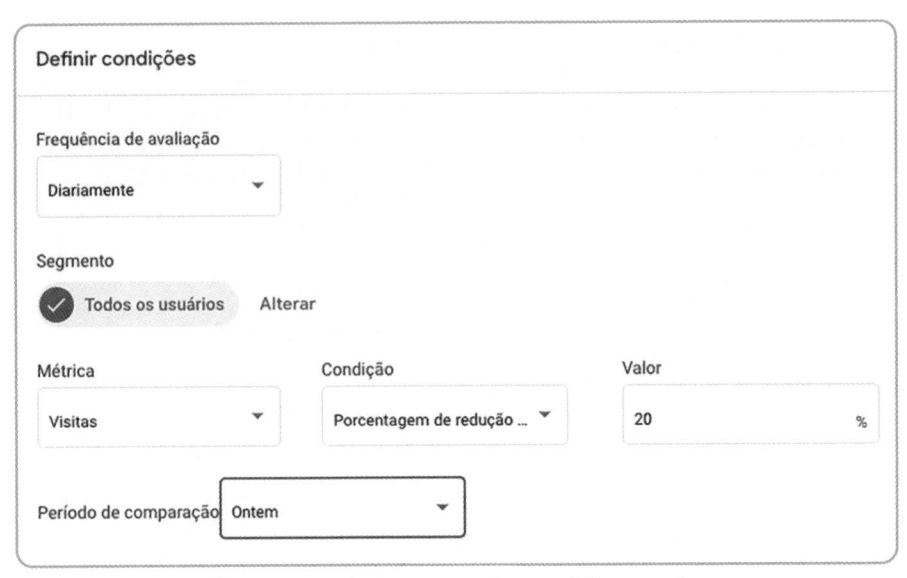

Regra para alertar anomalia em visitas no site.

Após criado, você pode fazer modificações, ativar, desativar, através do **Gerenciar**.

Na prática, como isso é útil?

O uso mais comum é para o caso de campanhas. Você pode criar alertas para o caso de a campanha estar gastando menos, ter uma alta taxa de cliques em pouco tempo, queda de visitas repentina no site, entre outras anomalias que podem prejudicar efetivamente o andamento das vendas no site.

Você pode determinar períodos de comparação e compartilhar o *insight* com seus colegas.

Penso que, ao configurar o Google Analytics, o analista precisa ter em seu *checklist* a criação de alguns desses *insights*. Por isso, é importante já ter o conhecimento prévio de alguns números aceitáveis e possíveis anomalias que resultam em problemas na campanha.

Certa vez, descobri um grande problema na campanha de um cliente através do *Insight* no GA Universal. Sim, era um megaproblema! Era sexta-feira pela tarde, só que ninguém que estava operando a campanha tinha visto ainda. A campanha, que era indispensável, ficaria rodando o fim de semana inteiro com problemas, se ninguém fizesse nada. Eu me aprofundei nas análises, mandei informações para o analista responsável, que ajustou a campanha e a colocou no ar novamente.

Nessa linha de pensamento, um conselho: **sempre, antes de começar o projeto de implementação de uma ferramenta de Web Analytics para o seu cliente**, procure fazer o *briefing* do negócio, suas regras, metas etc. Só assim, você poderá fazer a configuração eficiente desse recurso, que vai contribuir para boas tomadas de decisões.

Base de eventos e parâmetros

Algo a se destacar é que no Google Analytics 4, tudo é baseado em eventos e parâmetros. Um pouco diferente do modelo anterior.

Ele já vem com alguns eventos[35] pré-configurados, como:

- *Page_view*: ajuda a captar métricas de **visualizações de página** e é ativado sempre que a página é carregada;

- *Session_start*: ativado no início da sessão, quando o usuário começa a interagir com o site ou aplicativo;

- *User_engagement*: uma das principais mudanças é a medição de engajamento do usuário, explicarei mais a seguir. **Nesse caso, o evento é ativado quando o site ou aplicativo está em foco para o usuário**;

- *First_visit*: é ativado sempre que o usuário abre o site ou aplicativo pela primeira vez;

- *Click*: sempre que é aberto um link externo;

- *Scroll*: para medir a rolagem da tela até o final.

---

35 Veja a lista completa do Google em: *https://tinyurl.com/yc2edwa7*. O site Métricas Boss tem uma lista mais completa ainda em: *https://metricasboss.com.br/artigos/guia-completo-sobre-eventos-no-ga4*.

Para obter alguns indicadores é necessária a implementação manual (personalizada) de outros eventos.

O GA identifica dispositivo e não usuário, e você precisa dos eventos e seus parâmetros para poder montar suas análises.

Há um limite, nessa nova versão, de quinhentos eventos. Creio que pode ser a forma de forçar a compra da versão paga do Google Analytics.

Novas métricas focadas na experiência do usuário

Com o passar do tempo, o Google Analytics vem evoluindo intensamente no sentido de explorar novas formas de visualizações, métricas, entre outras características que ajudaram analistas de diversos setores a entender o que estava acontecendo no negócio online de seus clientes. Posso dizer que fui um privilegiado em assistir algumas dessas mudanças.

No GA4, temos algumas métricas interessantes que levam a compreender a importância crescente que o Google dá para a experiência do usuário. Por exemplo: **o tempo médio de engajamento**, que é o tempo de interação médio que o usuário tem com o site ou aplicativo aberto, no período selecionado; **sessões engajadas por usuário**, a média de sessões do usuário que está com o site ou aplicativo aberto; dentre outras.

Ou seja, é possível perceber como essa preocupação será constante.

Por que pequenos negócios precisam estar atentos aos dados?

Sempre que falamos de análise de dados, Web Analytics, Google Analytics etc., fazemos logo uma correlação com grandes projetos. Mas é importante alertar que pequenos negócios também precisam dos dados.

No início é comum que o empreendedor tenha foco na construção de seu negócio e com isso acabe esquecendo muitas coisas. Isso aconteceu comigo. Quando fundei minha primeira empresa, estava tão focado em seu principal serviço que eu esquecia de olhar e dar a devida importância para os números.

Se dividirmos uma empresa entre administrativo, comercial e operacional, veremos em cada uma dessas divisões indicadores relevantes para que seja possível gerenciar o negócio. Não esqueça: o que não pode ser medido, não pode ser gerenciado.

Os dados não são responsáveis por a empresa crescer de maneira saudável (as ações do executivo é que são responsáveis), **mas permitem analisar se o crescimento do negócio está indo para o lado certo**.

Muitas empresas pequenas e até algumas grandes não olham para os dados do site de forma estratégica. É comum em alguns casos eu conversar com gestores de sites e, ao perguntar sobre as maiores fontes de visitas, eles não saberem me responder. Isso não é por mal, mas, sim, por falta de conhecimento das ferramentas ou mesmo da importância de mensurar os dados.

Métricas simples – como números de usuários, sessões, conversões, vendas e de onde eles estão vindo – já podem ajudar na elaboração de campanhas e estratégias para angariar tráfego. Muitos pequenos negócios não sabem usar o Google Analytics. Lembre-se de que a ferramenta, embora usada por muitas empresas grandes, teve seu desenvolvimento pensando também em pequenos negócios.

Além do Google Analytics, existem outras ferramentas que podem ser usadas por PMEs (pequenas e médias empresas), como: o Google Search Console, Looker Studio, Google Meu Negócio, dentre outras soluções, que menciono neste livro.

No caso do Google Meu Negócio, se trata de uma excelente ferramenta para marketing local que pode ajudar pequenos comércios que não possuem site, mas atuam através de um espaço físico no próprio bairro. Além disso, a ferramenta permite a análise de indicadores de marketing local.

Note que, para empresas que possuem sedes físicas, lojas, filiais, esse meio de distribuição de conteúdo é fundamental, principalmente se tratando do conteúdo gerado pelo usuário, que acaba sendo uma fonte valiosa de informações para outras pessoas.

Existem ferramentas que, embora sejam pagas, o valor de investimento não é alto, então, recomendo que você conheça. O Semrush é um exemplo. Com ela, além do pequeno empresário poder evoluir seu trabalho de SEO, a ferramenta disponibiliza dados sobre busca orgânica paga e redes sociais.

As empresas podem contar com dados das próprias redes sociais para fazer seus estudos e análises. Inclusive incentivo que as empresas utilizem esses dados de forma investigativa.

Quando se trata de Web Analytics, é normal observar algumas discussões sobre qual a melhor ferramenta de *data visualization*[36] (dataviz). O *small data* pode ser mais efetivo em algumas circunstâncias. Certa vez, ao observar o post de Instagram de um comércio local, com níveis de indicadores atípicos para aquele perfil, ou seja, tinha sido muito curtido, compartilhado, comentado e salvo, consegui chegar a alguns *insights* que dificilmente chegaria olhando para um relatório complexo em alguma ferramenta, entende? Isso é o que eu chamo frequentemente de "sair detrás das máquinas", ou seja, não depender só de ferramentas. Isso é o *small data*! Trata-se de utilizar uma pequena quantidade de dados, online ou offline, para poder analisar e destrinchar uma situação ocorrida (LINDSTROM; 2016).

Esse *small data* pode ajudar não só pequenas empresas, mas as grandes também, pois são mais fáceis de analisar, bem como trazem

---

36 Data visualization é a representação gráfica de dados, usando gráficos e mapas, para facilitar a compreensão de padrões e tendências, permitindo decisões informadas e *insights* rápidos.

situações que às vezes ficam perdidas no meio de grandes quantidades de informações e análises complexas.

A questão é que pequenos negócios possuem verbas restritas. Eu já trabalhei para sites de e-commerce iniciantes que tinham verbas muito baixas para promover campanhas, contratar ferramentas e sustentar ao longo do tempo seu esforço de marketing. Isso me fazia pensar o quanto os números são importantes, pois se eles investirem no local errado, isso pode ser considerado o fim da empresa, infelizmente[37].

Quando eu falo de análise de números para pequenos negócios, não me refiro a processos complexos, mas aquilo que é simples, eficiente e cabe no bolso do empresário. Afinal, saiba que, segundo o Sebrae, **99% de todas as empresas que existem no país são micro e pequenas empresas (MPEs)**[38].

Sendo assim, dificilmente essas empresas vão ter dinheiro para gastar com softwares caros, com divulgação cara para seus produtos e serviços. Muitas delas acabam sendo negócios locais, necessários para a economia de sua respectiva cidade.

O que vejo desses negócios é que grande parte ainda investe pouco quando se trata de dados. Muitos deles nem site possuem, quanto mais os números estatísticos, prejudicando consideravelmente a análise do crescimento da empresa, pois somente os números financeiros recebem algum prestígio de seus administradores. É nessa linha que as empresas pequenas, que estão iniciando seus negócios, precisam ficar atentas aos dados internos e externos ao negócio.

Os dados internos são aqueles que você possui em sua empresa, como dados de acesso ao site, e-mail marketing, métricas de redes sociais, dentre outros. Dados externos são aqueles pelos quais você tem informações do mercado. Algumas empresas no Brasil se dedicam a fazer pesquisas mercadológicas e a divulgar pelo menos parte

---

[37] Esse é um dos motivos pelos quais estar atento principalmente aos *insights* do Google Analytics, que expliquei anteriormente, e olhar a ferramenta são ações necessárias

[38] **Disponível em:** https://www.sebrae-sc.com.br/blog/qual-o-papel-das-pequenas-empresas-na-economia-brasileira.

dos dados de graça ou em sua totalidade. Empresas como Sebrae[39], Nielsen/Webshoppers[40] e também associações de classe apresentam dados que você pode aproveitar para entender como está o mercado e comparar com seus números para entender a relação entre eles e se encontrar no seu nicho.

Além disso, algumas empresas fazem pesquisas recorrentes sobre mercados, melhores canais etc. Certas organizações de nicho elaboram pesquisas nos seus respectivos mercados. Isso, para novos sites de e-commerce, pode ser uma fonte importante de dados para entender como aproveitar os seus respectivos canais para vender online.

Esses estudos são compartilhados mediante arquivos PDF. Dica para o analista de dados: sempre que recebo esses estudos de empresas e organizações, guardo eles em uma pasta no meu computador. Essas análises são utilizadas em informações, gráficos e prints em alguns relatórios que eu apresento. Isso enriquece meus estudos e ajuda a comprovar as hipóteses levantadas.

Antes de concluir esta parte, uma história...

Em 2010, eu estava com um problema de elétrica em minha casa, que exigia algum especialista para resolver, afinal, meus conhecimentos iam até certo ponto. Fiz o que era mais fácil, procurei no Google por um eletricista e encontrei um site simples, de um prestador de serviços na área, mas com telefone e informações básicas sobre o tipo de atividade que fazia. Liguei, agendei e no dia do serviço aquele senhor chamado por mim de "seu Paulo" chegou pontualmente.

Enquanto ele fazia o serviço, curioso, perguntei para ele sobre o site. Ele me comentou o seguinte: *"Olha, senhor Erick, esse site eu fiz, mas é muito simples, fiz com um sistema na própria hospedagem, justamente por que eu queria aparecer no Google. Aí, muita gente começou a me ligar. Eu passei de uns cinco serviços por semana para uns três por dia. O site tem umas cem visitas por dia. Agora,*

---

39 Veja mais em: https://sebrae.com.br/sites/PortalSebrae.

40 Veja mais em: https://nielseniq.com/global/pt/landing-page/ebit/nielseniq-ebit-brasil/webshoppers/.

eu vou chamar um assistente para me ajudar e vou começar a fazer aqueles anúncios, sabe? Assim, eu consigo aumentar para uns seis serviços por dia".

O "seu Paulo" não era nenhum especialista em dados, mas um homem que gostava de aprender e obter soluções para seu negócio e para a vida. Através de um *small data* ele conseguiu formar um raciocínio com os números e dados que tinha à sua disposição para melhorar seu negócio. Essa é a essência dos números, dos dados: resolver problemas de forma simples. E essa situação mudou um pouco a minha forma de olhar para os dados e a minha consciência de como às vezes fazer aquilo que é simples e óbvio pode ser a melhor saída para problemas complexos.

Esta parte do livro é dedicada ao seu Paulo.

Páginas e origens de tráfego

Uma das coisas que Sophie faz – ao olhar o Google Analytics do e-commerce diariamente, além de procurar por anomalias e resultados de campanhas – é verificar as estatísticas relacionadas com as páginas. Ao realizar essa análise ela consegue notar quais aquelas que têm maior número de usuários e sessões e, assim, conectar isso com os dados de campanhas. Isso é importante para ela, pois quer saber se as páginas visitadas são aquelas relacionadas com campanhas, ou seja, se essas páginas refletem produtos relevantes para venda e se realmente as vendas aumentaram. Esse é um trabalho crucial, pois Sophie sabe que dentro do e-commerce de PC Gamers existem alguns produtos que a empresa quer vender mais, em virtude da sua lucratividade.

Para analisar a efetividade de campanhas de marketing digital é interessante fazer uma boa leitura das origens de acesso do site, dessa forma, será possível saber quais ações estão surtindo resultados e enviando visitantes ao site. Além disso, entender quais são as páginas mais visitadas poderá mostrar como o tráfego está sendo distribuído e onde os usuários estão se concentrando.

Quais são as páginas mais visitadas?

Responder a essa pergunta pode ajudar a entender qual a evolução de campanhas de marketing, principalmente sobre a efetividade do conteúdo ou da popularidade do produto daquela página.

Já tive a oportunidade de encontrar, em algumas análises, páginas com conteúdo ruim, mas um produto muito procurado, o que acabava resultando em grande quantidade de visitas, afinal, todas as campanhas acabavam levando para a página do produto.

Também já vi páginas com um produto sem muita procura, mas com um conteúdo ótimo, com uma taxa de tráfego significativa. Se posicionava bem na busca orgânica, a página era uma autoridade quando se tratava de responder perguntas acerca daquele produto.

São por detalhes como esse que digo sempre: "**O analista não pode ficar preso só a fórmulas estatísticas!**".

Os números são importantes e provam várias hipóteses, mas é essencial "**sair detrás das máquinas**" para entender de uma forma inteligente o que está acontecendo. Os números são o resultado do que acontece "lá fora".

Além de constatar o que os números mostram sobre as visitas, você precisa entender como pode aproveitá-las. Uma das formas é tentando segurar o usuário. Oferecer links, promoções etc.? Talvez. Aí vai da criatividade do analista de marketing. Você pode mostrar os dados e ajudar a pensar em soluções.

Para saber quais são as páginas mais visitadas no site que está analisando, você pode usar o GA4. Basta entrar em **Relatórios > Engajamento > Páginas e telas** e, finalmente, chegará na página **com uma tabela, mostrando os dados de cada uma das páginas**.

No relatório que vai aparecer, você pode personalizar o período a ser analisado no canto superior direito.

É possível utilizar um dos períodos definidos ou escolher uma faixa de tempo personalizada, conforme a sua necessidade. Esse filtro de data pode ser feito na maioria dos relatórios do GA4.

Na tela a seguir, será possível ver um gráfico de visualizações por título da página, no canto superior esquerdo da imagem. É um gráfico em linhas, que mostra em cada uma delas o número de visualizações durante o mês.

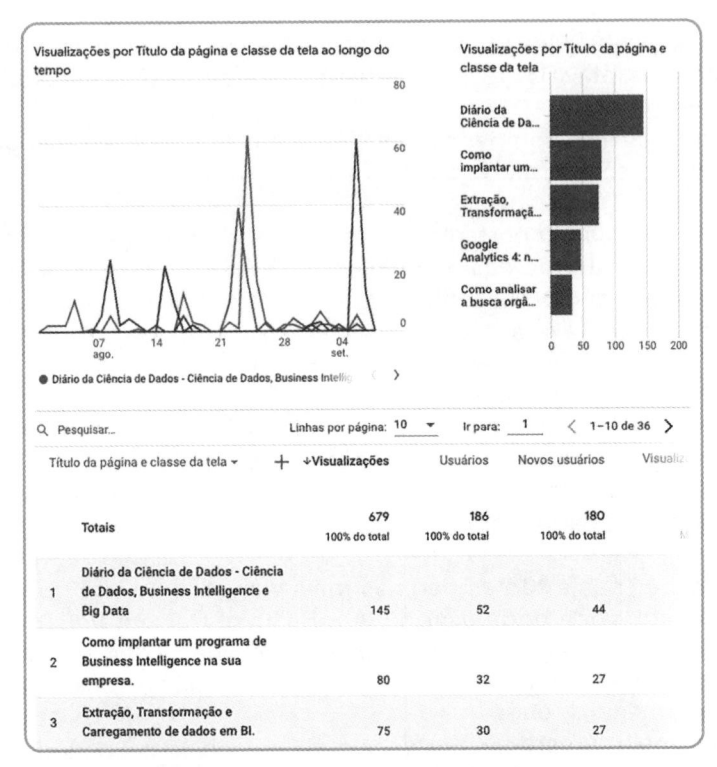

	Título da página e classe da tela	Visualizações	Usuários	Novos usuários
	Totais	679 100% do total	186 100% do total	180 100% do total
1	Diário da Ciência de Dados - Ciência de Dados, Business Intelligence e Big Data	145	52	44
2	Como implantar um programa de Business Intelligence na sua empresa.	80	32	27
3	Extração, Transformação e Carregamento de dados em BI.	75	30	27

Três opções de visualização dos dados.

Nesta amostra, como se trata de um blog, é possível notar que algumas páginas possuem mais tráfego perto do período de lançamento. Ao lado, há um gráfico de barras horizontais com o número de visualizações por tela[41].

A tabela é geralmente a que eu mais uso, principalmente no caso de sites que não possuem a característica de blog. Por que isso? Pois os blogs têm uma característica de receber mais tráfego (isso não é uma regra) em algumas páginas quando são lançadas (post da semana, por exemplo). Nesses casos, o exame dos dados mediante

---
41 Note que a ferramenta usa o título da página, incluído na tag title, no HTML. Caso todas as páginas tenham o mesmo título nessa tag, certamente prejudicará a leitura dos dados, nesse caso o analista pode sugerir a customização do título de cada uma das páginas, para facilitar a análise e ajudar no que tange a esse destacado requisito de SEO.

uma tabela, em determinado *range* de data, pode enviesar sua análise. Por exemplo, você faz um filtro de uma semana para a análise do blog. Logicamente que o post lançado naquele período terá mais tráfego, afinal, recebeu a atenção de redes sociais, e-mail marketing etc.[42]

Contudo, se você quiser uma visão mais ampla, mensal ou trimestral das visualizações por página, pode fazer mais sentido.

É interessante fazer aqui um filtro para verificar o quanto o usuário está engajado. Obviamente, aumentar o tráfego de uma página não significa que ela está fazendo sucesso.

O engajamento é ativado, através do evento *user_engagement*, quando o usuário fica mais de 10 segundos na página, com ela em primeiro plano. Se o usuário entrar e sair rapidamente, sem atingir os 10 segundos, não será considerado engajamento.

No relatório de **"Páginas e telas: Título da página e classe da tela"**, na tabela inferior (como apresentado anteriormente), você encontra para cada uma das páginas o tempo médio de engajamento.

O tempo médio de engajamento é o tempo de envolvimento do usuário dividido pelo número de usuários. A ideia é analisar essa métrica para cada página, comparando com outros indicadores.

Faça a pergunta: se a página tem um tempo médio de engajamento baixo, o que deve ser feito para melhorar? Ou é o que se espera? Em muitos casos parecidos, optei por indicar melhorias de conteúdo e chamadas para a atenção (*call to action*) que ajudaram que o usuário entrasse em um funil de vendas, por exemplo.

---

[42] Esse é um problema dos blogs, pois alguns posts têm a maior parte da aquisição de tráfego na primeira semana pós-lançamento. Após isso, outros posts vão se tornando destaques. A minha dica, nesse caso, é reaproveitar esses posts antigos, atualizando-os. É claro que alguns se destacam por mais tempo. Testemunhei um caso em que um artigo do blog da empresa em que eu trabalhava ficou por algumas semanas sendo o destaque em visitas, em virtude do seu posicionamento.

Existe um menu só com dados de engajamento (**Relatórios > Engajamento**). Na **Visão geral do engajamento**, o relatório apresenta alguns dados para a avaliação.

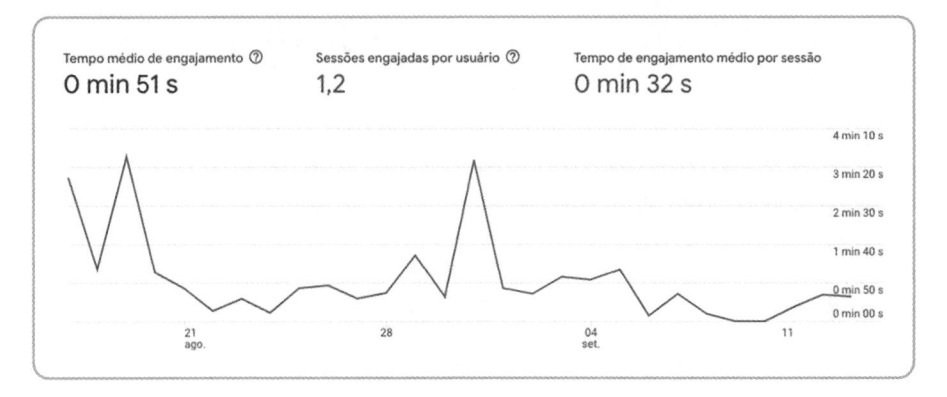

Tempo médio de engajamento	Sessões engajadas por usuário	Tempo de engajamento médio por sessão
0 min 51 s	1,2	0 min 32 s

Dados de engajamento.

Note que no destaque (canto superior esquerdo) ele apresenta o **tempo médio de engajamento**. Trata-se do tempo médio desde a aquisição dos usuários, quando há interação na página. Ou seja, o tempo de interação médio por usuário ativo no período selecionado. Dessa forma, é possível entender que se trata do tempo de envolvimento dos usuários no site, dividido pelo número de usuários.

Sessões engajadas

No Google Analytics Universal, nós tínhamos a taxa de rejeição. Agora, no GA4 temos a sessão engajada. Para muitos tipos de sites é uma métrica que merece destaque, afinal mostra o interesse do usuário em decorrer pelo conteúdo do site.

É oportuno dizer que toda vez que falo de conteúdo, não estou me referindo exclusivamente ao texto, mas, sim, a todos os artefatos funcionais de uma página, como: imagens, vídeos, gifs, formulários, links etc.

Temos as **"Sessões engajadas por usuário"**. Trata-se da média de contagem de sessões por usuário ativo no período selecionado. Ou seja, pretende mostrar o interesse do usuário ao longo das sessões que foram abertas. No caso da imagem anterior, note que foi uma média de 1,2 sessão por usuário.

Antes, no GA Universal, você via puramente as sessões. Hoje, você consegue, através desse indicador, entender qual o nível de interesse pelo conteúdo.

Tempo de engajamento médio por sessão

Aqui você poderá verificar qual o tempo de aproveitamento dos usuários por sessão. O que o Google Analytics vai fazer é pegar todo o tempo de engajamento, do momento em que o usuário inicia a sessão até terminar, e, finalmente, calcular a média. Essa é mais uma métrica que vai ajudar a estudar o aproveitamento do site.

Uma observação importante: considerando sempre o site ou aplicativo em primeiro plano, você deve se lembrar que no GA Universal nós temos (ou tínhamos, dependendo de quando você estiver lendo este livro) a métrica "duração média da sessão", que não nos ajuda muito, principalmente porque não considera se está em primeiro ou segundo plano.

Atividade do usuário ao longo do tempo

Algo bem legal que gostei na tela de engajamento é o gráfico sobre a **Atividade do usuário ao longo do tempo**.

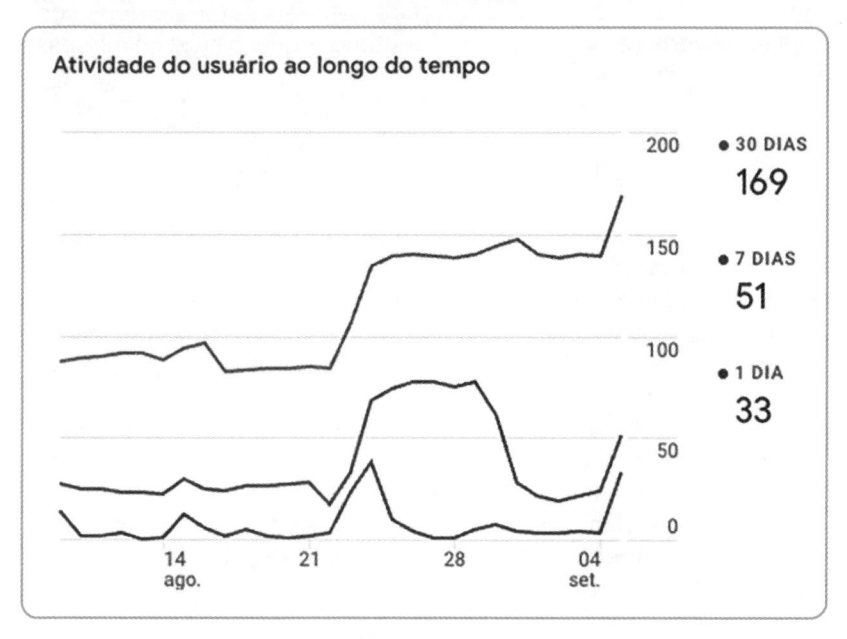

Dados sobre a atividade do usuário ao longo do tempo.

É possível você saber, com o período selecionado, quantos usuários entraram no site naquele dia e a quantidade em uma faixa de tempo determinada em: um, sete e trinta dias, a partir daquela data.

Por que isso é útil para você? Pois é possível observar mediante faixas de dias se a atividade está tendo crescimento no período.

Dentro das métricas de engajamento, percebe-se a grande atenção para a experiência do usuário, através de suas atividades no site. De fato, eu não vejo o trabalho de *User Experience* (UX) sendo tratado marginalmente em disciplinas como SEO, Ads, dentre outras, afinal, temos a chance de analisar busca orgânica e campanhas, não só do ponto de vista de conversões, mas de um importante indicador de esforço.

A experiência do usuário no conteúdo do seu site é o verdadeiro valor. Não que um dia não tenha sido, mas, talvez agora, com o verdadeiro reconhecimento.

Métricas como de sessões e usuários sendo usadas somente com uma contagem de frequências, sem uma relação com o engajamento, não servirão de muita coisa.

Mostre-me o engajamento da página e te direi se o conteúdo é bom!

Precisamos estudar formas de engajar melhor o usuário, entregar cada vez mais conteúdos e experiências de qualidade, trabalhar ao lado de analistas de UX, conteúdo e aprender um pouco mais sobre.

O engajamento tem a ver com o ponto de partida do usuário, ou seja, o que faz com que ele chegue a uma página e tenha uma boa experiência.

De onde os usuários estão vindo?

Esta é uma das primeiras perguntas que eu sempre faço toda vez que entro pela primeira vez na ferramenta de Web Analytics dos clientes. Embora seja uma pergunta simples, a resposta me diz muito sobre a saúde do negócio. Isso porque, após tantos anos trabalhando na área, após responder inúmeras vezes a essa questão, eu percebi que existem alguns padrões que relacionam as origens de tráfego com a saúde do negócio na internet. Portanto, trata-se de uma pergunta fundamental.

Alguns **exemplos** de interpretação:

1. Se as visitas pagas são a principal fonte de tráfego do site, provavelmente o negócio está gastando exageradamente para trazer o usuário e aproveitando pouco sua base e fontes orgânicas;

2. Se a maior taxa de visitas é orgânica, é sinal que há um bom trabalho de otimização do site e do seu conteúdo. Contudo, é importante avaliar as conversões para confirmar a hipótese, ou seja, se o usuário que está vindo dessa fonte está realmente aproveitando o conteúdo, a taxa de engajamento, entre outras;

3. Se o e-mail não aparece como uma fonte relevante de tráfego, pode ser que: ou o site não aproveita bem sua base, gasta muito para trazer o visitante, sem fazer um trabalho de *inbound marketing*, ou, então, não faz o "tagueamento" adequado de suas URLs de campanha.

Enfim, **há várias possíveis interpretações**, e mesmo essas que coloquei podem estar erradas em análises mais profundas. Para confirmá-las é necessário avaliar o site, o negócio, entre outros aspectos, mas é um ótimo começo para gerar as primeiras hipóteses.

Para iniciar essa análise você pode, no Google Analytics 4, seguir o caminho: **Relatórios > Aquisição > Visão geral da aquisição**. Vá ao quadro *"Agrupamento de canais padrão da sessão"* e clique em *"Ver aquisição de tráfego"*. Você observará a tela com todos os dados sobre aquisição e quais as principais origens.

	Agrupamento de canais padrão da sessão	Usuários	↓Sessões
	Totais	3.419 100% do total	4.289 100% do total
1	Organic Search	1.609	2.006
2	Direct	548	742
3	Display	499	523
4	Cross-network	400	472
5	Paid Search	272	347
6	Referral	49	66
7	Organic Social	55	58
8	Email	13	18
9	Paid Social	8	8
10	Unassigned	8	8

Agrupamento de canais padrão.

Trata-se do agrupamento de canais como *Organic Social*, *Direct*, entre outros. Por exemplo, dentro de *Organic Search* podem ser agrupadas sessões orgânicas do Google, Bing, entre outros mecanismos de busca. Em *Organic Social*, serão considerados "tráfego orgânico", não pago, as redes sociais, como Facebook, Instagram, Twitter, LinkedIn etc.

Detalhamento de origem e mídia

Caso você queira ver esse detalhamento, clique na seta em que está escrito **"Agrupamento de canais padrão da sessão"**, no canto superior esquerdo da imagem a seguir e escolha **"Origem / mídia da sessão"**, assim o GA4 vai mostrar o respectivo detalhamento.

Origem / mídia da sessão ▼	+	Usuários	↓Sessões	Sessões engajadas
Totais		3.508 100% do total	4.404 100% do total	2.386 100% do total
1 google / organic		1.611	2.015	1.257
2 google / cpc		1.192	1.368	619
3 (direct) / (none)		562	756	402
4 baidu / organic		27	27	1
5 bing / organic		19	21	15

Detalhamento das origens de tráfego: se é busca orgânica (google/organic) ou paga (google/cpc), entre outras.

Na documentação padrão[43], tem os detalhes de como o GA4 faz o agrupamento para os canais. Recomendo que faça uma leitura, pois ele é importante para entender as minúcias e, também, na hora de "taguear" as URLs de uma campanha, para que o tráfego seja contabilizado na mídia correta.

---

43 Saiba os detalhes sobre como acontece esse agrupamento em: *https://tinyurl.com/39emcmnt*.

Algumas das perguntas que podem ser feitas são sobre quais campanhas estão dando mais resultado, afinal, em muitas delas o gestor investe muito dinheiro. Além disso, dê muita atenção para as métricas de engajamento. Elas mostram, de uma maneira eficiente, como o usuário está interagindo e aproveitando os recursos do seu site.

O que são usuários em um site?

Somos nós. Sim, cada um de nós que navega por um site ou aplicativo.

Imagine a seguinte história: você, **um usuário, pode entrar em um site pela primeira vez** e **navegar por várias páginas. Pode voltar mais vezes** e sempre que você retornar, **passa um tempo realizando a busca por produtos e serviços**. Ou seja, pode ter várias sessões abertas em um período determinado, tornando-se, posteriormente, um **usuário recorrente**.

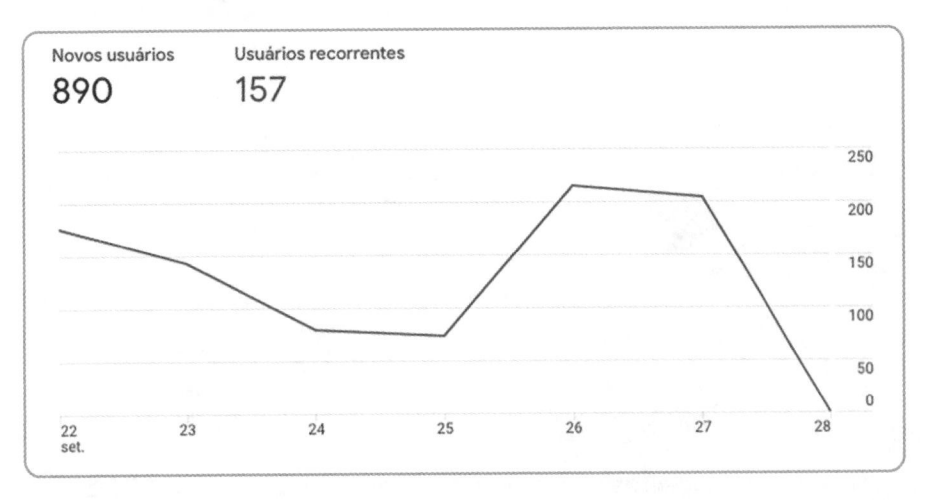

Novos usuários	Usuários recorrentes
890	157

Tela de visão geral da retenção no GA4. Relatórios > Retenção.

No Google Analytics 4 tudo são eventos. Proponho pensarmos nas etapas, mas do ponto de vista de eventos:

1. *"um usuário pode entrar em um site pela primeira vez"*: o evento *first_visit* é disparado, aqui ele é considerado um novo usuário;

2. *"navega por várias páginas"*: evento *page_view*;

3. *"pode voltar mais vezes"*: evento *session_start*, o usuário entra no site novamente e abre uma sessão, tornando-se um usuário recorrente;

4. *"passa um tempo realizando a busca por produtos e serviços"* – *user_engajament* – depois de 10 segundos.

Se esse novo usuário rolar a página, um novo evento é disparado, o *scroll*, e, assim, com a ajuda dos eventos e seus parâmetros, a ferramenta vai captando dados para posteriores análises.

O que o Google Analytics 4 tenta fazer é perceber a jornada do usuário para entender se ele é novo ou recorrente. Ou seja, uma forma de saber quem é você, considerando os dados que estão associados com a sua navegação e sua jornada entre dispositivos.

Isso é feito através de algumas pistas, como:

- User-ID: Um identificador único atribuído ao usuário, que a ferramenta usa para identificá-lo de forma consistente;

- Indicadores de outros serviços do Google: Informações de contas e serviços associados ao Google que ajudam a identificar o usuário;

- ID do dispositivo: Identificadores únicos do dispositivo, como cookies e identificadores de dispositivo móvel;

- Outras estimativas: Algoritmos e técnicas de *machine learning* que fazem inferências baseadas no comportamento do usuário e de outros dados disponíveis.

Vendo acontecer em tempo real no GA4

No GA4 temos um recurso bem legal que permite vermos o exposto anteriormente acontecendo em tempo real. Para isso, basta acessar o menu: **Relatórios > Tempo real > Ver resumo do usuário** – no canto superior direito. Ele mostrará o que acontece a cada passo da navegação e quais são os eventos disparados.

O usuário pode navegar por várias páginas; em cada uma delas ganhará um page_view. Você pode voltar lá mais vezes durante o período de um mês e toda vez que você retorna, abre uma nova sessão. Ou seja, trata-se de um usuário que pode ter várias sessões abertas em um período determinado.

É importante entender a regra das sessões: elas expiram depois de 30 minutos de inatividade do usuário[44]. Quando o usuário está navegando, com a tela ativa, não há limite para a duração.

Note que se você fizer um comparativo entre as sessões do Universal e do GA4, poderá perceber que a nova versão possui menos sessões. Isso porque ele considera uma continuidade da mesma sessão, caso o usuário saia do site e entre por outra origem de campanha.

É possível um usuário ser novo e recorrente?

Sim. É um cuidado necessário que o analista deve ter.

Se no período que você colocou data de início e fim, o usuário iniciar algumas sessões e uma delas for a primeira visita, ele poderá ser considerado um novo usuário e, ainda, um usuário recorrente (no período selecionado).

Se a pessoa tiver acessado pela primeira vez fora do período analisado e ela retornar no período analisado e a sessão for engajada, também é considerada recorrente.

---

44 Saiba mais sobre sessões no GA4: *https://tinyurl.com/3usknhav*.

Dessa forma, é possível observar que, dependendo da seleção de data estipulada para a análise, um visitante pode ser considerado novo, mas, igualmente, recorrente.

Esse entendimento é necessário para que saibamos o motivo das diferenças dessas métricas no Google Analytics 4[45].

Conversões e transações

Quando o **Google Analytics Universal** nos mostrava conversões, contabilizava o último clique. Se você começava a pesquisa por um produto na busca orgânica, mas, antes de converter o seu último clique, fosse na busca paga, **esta ficava com a conversão**.

Nessa versão do GA (Universal), **temos a conversão assistida,** que veio para mostrar quais são as origens que auxiliaram no processo de conversão. No exemplo dado, seria contabilizada a conversão assistida para a busca orgânica. Em alguns negócios é característico e até aceitável que algumas origens contribuam mais com a assistência do que com a conversão final, e a queda delas impacta diretamente nas vendas.

No Google Analytics 4, você tem disponível outras visões de atribuição.

Para demonstrar as explicações dos modelos, vou colocar uma amostra de caminho percorrido pelo usuário:

Busca orgânica – Social – E-mail – Busca paga

Por padrão, o modelo de atribuição utilizado atualmente é o baseado em dados, contudo, ainda temos:

- **Primeiro clique**: todo o crédito da conversão vai para o primeiro canal. **Busca orgânica**, na amostra acima;

- **Linear**: que distribui o crédito da conversão igualmente entre todos os canais. Todas as origens da amostra ganhariam crédito (ex.: busca paga: 25%; e-mail: 25%; social: 25%; busca orgânica: 25%);

---

45 Fique sempre atento à ajuda do Google Analytics 4, afinal o Google faz atualizações que impactam em algumas mudanças.

- **Com base na posição**: distribui 40% do crédito para o primeiro e o último ponto de contato e os 20% restantes são divididos entre os pontos de contato intermediários;

- **Redução de tempo**: esse é bem interessante: ele vai atribuir mais crédito aos pontos de contato, no caso, canais que contribuíram mais perto da conversão (ex: busca paga: 40%; e-mail: 30%; social: 20%; busca orgânica: 10%);

- **Modelo baseado em dados**: usa algoritmos de *machine learning* para avaliação dos canais que contribuíram para a conversão.

Recomendo a leitura da ajuda do GA4[46], que detalha um pouco mais esses exemplos.

Para verificar esses modelos vá em **Publicidade > Comparação de modelos**.

		Modelo de atribuição (não direto) Modelo de último clique em vári... ▼		Modelo de atribuição (não direto) Modelo baseado em dados em v... ▼		
Grupo de canais padrão		↓ Conversões	Receita	Conversões	Receita	Conversões
		470.960 100% do total	$ 78.453,85 100% do total	470.960,00 100% do total	$ 78.453,85 100% do total	0%
1	Organic Search	184.109	$ 26.250,34	183.912,72	$ 26.209,85	-0,11%
2	Direct	149.590	$ 38.191,98	149.590,00	$ 38.191,98	0%
3	Paid Search	32.150	$ 1.157,45	32.210,54	$ 1.097,06	0,19%
4	Cross-network	25.985	$ 1.018,30	25.835,49	$ 1.048,78	-0,58%
5	Unassigned	21.430	$ 0,00	21.430,00	$ 0,00	0%
6	Display	20.333	$ 0,00	20.178,51	$ 0,00	-0,76%
7	Referral	15.428	$ 5.499,80	15.582,18	$ 5.194,68	1%

Note a diferença de conversões entre modelo de último clique comparado ao baseado em dados.

---

46 Saiba mais sobre modelos de atribuição em: *https://tinyurl.com/2zmfwr2n*.

O ponto aqui é que, se a conversão é um dos indicadores mais importantes, você precisa definir quais são os modelos utilizados para a sua avaliação, pois isso fará diferença na forma de analisar.

Se você estiver investindo pesado em várias frentes, como mídia paga, e-mail marketing, SEO, entre outras, e optar pelo modelo de último clique, pode ter uma interpretação equivocada de: "esforço x resultado". Por outro lado, se optar pelo modelo de primeiro clique, pode acabar ignorando aquele canal que realmente contribuiu para a escolha final. Desse modo, pense bem em qual forma de atribuição vai colaborar para sua análise.

A busca orgânica é um canal que geralmente dá muita assistência para a conversão, mas na base da atribuição do último clique, acaba sempre perdendo o crédito, sendo assim, aprecio o modelo baseado em dados.

ANÁLISE DA BUSCA ORGÂNICA

Sophie sabia, por experiência, da importância do tráfego orgânico para um e-commerce, pois caso não se posicionasse bem, por palavras-chave relacionadas aos produtos da loja, a empresa teria que investir uma grande quantidade de valores em mídia paga. Isso para alguns gestores de e-commerce era um pesadelo, pois ficavam dependentes desse canal, de modo que o investimento sempre tinha de aumentar. A busca orgânica não elimina a necessidade de investimento em outras mídias, mas traz equilíbrio, fazendo com que a dependência da busca paga, como o Google Ads, seja menor. Sendo assim, ela sempre pedia aos analistas de SEO acesso ao Google Search Console, visto que ali ela conseguiria mensurar alguns números relacionados com o esforço e resultados de busca orgânica.

Dados de busca orgânica

A busca orgânica é aquela em que o usuário realiza uma pesquisa no Google e recebe os resultados relacionados a essa busca junto aos anúncios comumente chamados de resultados pagos.

Os resultados pagos são oriundos de leilões de palavras-chave promovidos pelo mecanismo de busca por meio de um sistema. No caso do Google, esse sistema é o Google Ads. Ele permite que o profissional dessa área elabore campanhas, com anúncios por palavras-chave. O analista escolhe as palavras-chave que quer competir e exibir em seus anúncios, com links para o site que está trabalhando, e dessa forma, através de um algoritmo que considera o lance, índice de qualidade, entre outros fatores, posiciona o anúncio na primeira parte do mecanismo de busca.

Já os resultados orgânicos são organizados nas páginas de resultados do Google, com base em uma classificação criteriosa, feita pelo mecanismo de busca, de modo que ele entenda que o site e seu conteúdo tenham a qualidade aceitável para que possa figurar por palavras-chave relacionadas aos seus produtos e serviços. Ou seja, uma série de requisitos e boas práticas, que fazem com que os mecanismos de busca aceitem exibir determinado site através de suas páginas. Para esse resultado, não há interferência humana, nem financeira. Um algoritmo faz a indexação do site no banco de dados do mecanismo e também a sua classificação (FORMAGGIO, 2023).

O trabalho que envolve melhorar um site para que ele atenda aos requisitos de qualidade de um mecanismo de busca é conhecido como *Search Engine Optimization* (pode ser traduzido como otimização para mecanismo de busca), conhecido pela sigla SEO.

Por trabalhar muito tempo com SEO[47], na versão antiga do GA (o Universal Analytics), o meu menu predileto era o de aquisição. Não que eu não desse atenção aos outros, mas é que em razão do meu trabalho, acabou sendo uma rotina, para mim, ligar o computador, abrir o Google Analytics e buscar, através do menu de aquisição, os dados de busca orgânica.

Houve um tempo em que era possível visualizar dados de palavras-chave no GA, ou seja, por quais palavras-chave as pessoas chegavam ao seu site. Mas depois do *not provided*, isso só foi possível através do Google Search Console[48], onde você pode analisar cliques e impressões.

O Google Search Console é uma ferramenta que possibilita ao profissional analisar os dados de busca orgânica, como: cliques, impressões, erros de rastreamento, da experiência que o usuário está tendo com as páginas, remover páginas da indexação, dentre outros dados que o analista de SEO pode usar em benefício do seu trabalho para melhorar o site e realizar comparativos depois.

Como esses dados possuem caráter de performance, são úteis para o analista de BI.

---

47 Conheça meu livro sobre "SEO – Search Engine Optimization: Conceitos, práticas e casos importantes", em *https://a.co/d/8WhWjPX*.

48 Site do Google Search Console em: *https://search.google.com/search-console/about*.

O que são cliques e impressões?

Quando um usuário busca por uma palavra-chave no mecanismo de busca, vários resultados são exibidos. Isso é a impressão, ou seja, se o seu site foi publicado nesta listagem, significa que ele foi impresso na busca por uma palavra. Sendo assim, a quantidade de impressões corresponde à quantidade de vezes que o seu site apareceu na busca por uma palavra-chave.

Se o usuário vê o seu site impresso na listagem e entra na respectiva página que está sendo exibida, isso conta como um clique. Logo, cliques correspondem à quantidade de vezes que seu site apareceu e foi "clicado".

Isso é fundamental, pois através desses dados será calculado o indicador de CTR, o *Click Through Rate* ou taxa de cliques, a proporção de usuários que clicam na página em relação aos que visualizam. A fórmula é:

$$(\text{Número de cliques} \div \text{Número de impressões}) \times 100(\%)$$

Integração do Google Search Console com o Google Analytics 4

Quando o Google Analytics integrou o Search Console, este recurso virou uma rotina de análise para mim na ferramenta. Sendo assim, para o GA4, uma configuração importante a ser feita é a integração entre elas.

Antes de tudo, é preciso que o GA4 e o Google Search Console estejam na mesma conta[49] do Google para fazer a vinculação. Para isso, faça os passos a seguir:

1. No GA4, vá até o menu lateral, clique em **Administrador** (tem o ícone de uma engrenagem) e na janela seguinte em **Vinculações de produtos**;

---

49 Aqui estou considerando que o Google Search Console já está instalado no site. Caso contrário, é necessário que isso seja feito antes da integração com o GA.

2. Depois cole o endereço do site da propriedade associada ao Google Search Console;

3. Ele vai pedir para que você escolha a conta associada;

4. Selecione o fluxo desejado;

5. Revise se está ligando a propriedade certa com o fluxo correto e clique em "Enviar";

6. Caso o Google Search Console não apareça automaticamente dentro de **Relatórios**, basta ir em: Biblioteca, encontre o Search Console na aba "Coleções" e clique em Publicar.

Palavras-chave orgânicas

Com o Search Console dentro do seu GA4, será possível observar alguns dos dados captados com a ferramenta. Um deles é sobre as palavras-chave em que seu site está tendo impressões e cliques[50].

Para saber as palavras que mais geram tráfego no site, basta ir no menu **Relatórios** > **Search Console** > **Consultas**. Lá é possível encontrar as palavras-chave em que seu site está aparecendo.

Gosto de fazer um filtro entre palavras oriundas de marca e às que não são.

---

50 Também utilizo o Semrush como ferramenta para verificação de palavras-chave, pois ele mostra o posicionamento de uma página por uma busca específica, mesmo que ela não tenha sido clicada.

Tipos de buscas

Por que isso é importante? Pois as palavras-chave oriundas de marca eu trato como outra categoria de palavras, afinal, elas remetem a uma espécie de busca navegacional. Por outro lado, palavras relacionadas com seus produtos e serviços podem ser de característica informacional ou transacional.

Buscas navegacionais são aquelas onde, ao pesquisar pelo nome de uma marca, se espera encontrar, praticamente, um único resultado. Às vezes você quer entrar no site de sua rede social favorita, mas não salvou o endereço. É muito mais prático você buscar por ela no Google e clicar no seu link, certo? Além disso, essa própria característica de busca navegacional faz com que o resultado do site por essa pesquisa acabe ganhando mais cliques e impressões.

Já as buscas informacionais remetem para a característica de procura por informações: *"qual é o melhor notebook?"*; *"quais são os cinco melhores teclados?"*, entre outras formulações, ou seja, praticamente um pedido de opinião ou informação perante um produto.

Sophie resolveu fazer uma pesquisa para descobrir e avaliar buscas informacionais relacionadas aos produtos da loja. Para isso ela seguiu alguns passos:

1. Pesquisa de palavras-chave Informacionais

    Ela buscou através do Google Keyword Planner (ferramenta do Google Ads) algumas ideias de palavras-chave baseadas em produtos relacionados. Também conversou com sua colega que fazia campanhas para entender quais dessas palavras remeteram a produtos mais vendidos através de campanhas. Ela utilizou ferramentas como o AnswerThePublic (https://answerthepublic.com), que mostra perguntas frequentes que os usuários fazem em relação a determinados tópicos.

2. Criação de conteúdo informacional

   Considerando as dúvidas mais comuns relacionadas aos produtos da loja, Sophie sugeriu para a equipe de conteúdo desenvolver artigos de blog e vídeos para o YouTube que respondam a perguntas frequentes e forneçam informações detalhadas sobre produtos. Exemplo: "Guia completo para escolher a melhor placa de vídeo em 2024".

   Ela reforçou a criação de guias "passo a passo" e tutoriais sobre como usar produtos, montar PCs ou resolver problemas comuns. Exemplo: "Como montar um PC gamer: guia definitivo para iniciantes". Sophie ficou muito feliz, pois teve apoio do analista de SEO que trabalha com ela no e-commerce, pois ele já deu essa ideia há tempos.

3. Monitoramento e análise de desempenho

   Ela combinou com a equipe que eles vão executar essas ações e vão monitorar o desempenho do tráfego orgânico em conjunto, identificando quais conteúdos estão atraindo mais visitantes. Eles vão fazer isso através do Google Analytics, para mensurar o tráfego das novas páginas, e via Google Search Console, para verificar a performance das palavras-chave oriundas de buscas informacionais e transacionais.

As buscas transacionais são aquelas em que o usuário já pode ter feito algumas pesquisas informacionais e, assim, estar mais perto do que ele realmente quer. Por que "já pode ter feito"? Pois esse processo não é linear, sendo assim, eu tento sempre separar essas categorias de palavras-chave em relatórios no Looker Studio. Geralmente, nesses painéis, em conjunto com as keywords, eu gosto de analisar outros indicadores importantes de tráfego de pesquisa orgânica.

Tráfego de pesquisa orgânica do Google

Também é relevante saber quais são as páginas mais acessadas do site, para que seja possível elaborar estratégias, entender quais os temas de maior interesse dos usuários.

Para encontrar, basta ir ao menu **Relatórios > Aquisição > Visão geral da Aquisição** e procurar o quadro **"Tráfego de pesquisa orgânica do Google"**:

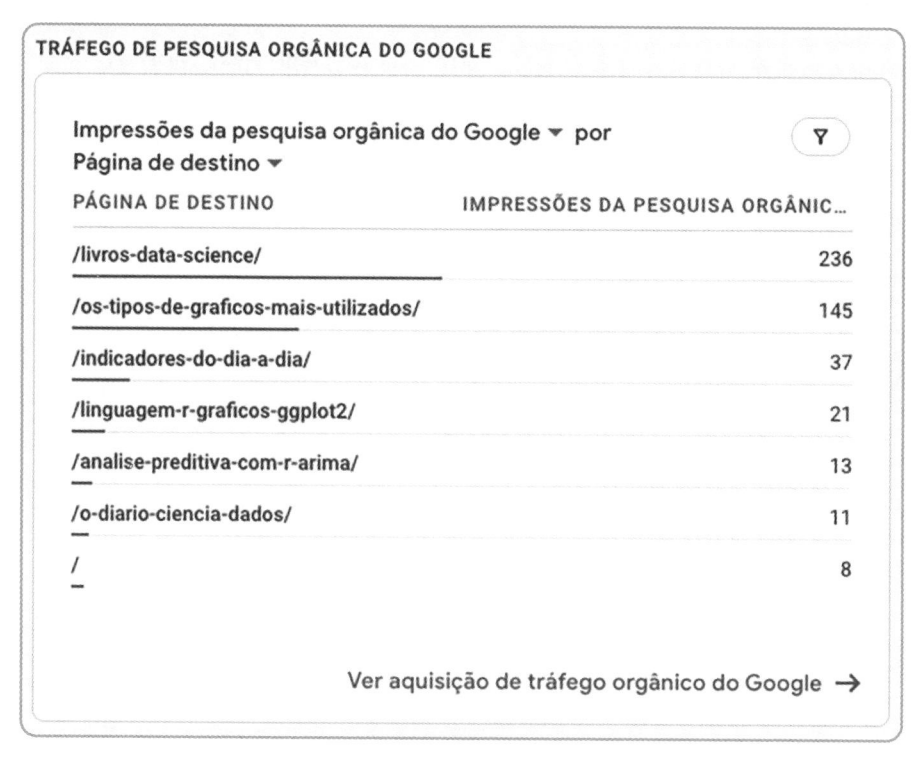

TRÁFEGO DE PESQUISA ORGÂNICA DO GOOGLE

Impressões da pesquisa orgânica do Google ▼ por Página de destino ▼

PÁGINA DE DESTINO	IMPRESSÕES DA PESQUISA ORGÂNIC...
/livros-data-science/	236
/os-tipos-de-graficos-mais-utilizados/	145
/indicadores-do-dia-a-dia/	37
/linguagem-r-graficos-ggplot2/	21
/analise-preditiva-com-r-arima/	13
/o-diario-ciencia-dados/	11
/	8

Ver aquisição de tráfego orgânico do Google →

Quadro com dados das páginas e suas impressões no mecanismo de busca.

Ao clicar em **"Ver aquisição de tráfego orgânico do Google"** encontrará mais informações de impressões, cliques, taxa de cliques para cada uma das URLs.

Além disso, você pode relacionar as palavras-chave em que o site possui mais cliques e impressões no mecanismo de busca com os temas das páginas mostradas nesse relatório.

O ponto importante aqui é relacionar conteúdo e objetivo da busca. Lembra que eu comentei anteriormente sobre a categorização da busca? O resultado da busca expressa a intenção dela? Vai atrair mais cliques? Pense sobre isso.

A importância do engajamento

Como comentei, o Google Analytics 4 agora tem uma visão forte para questões de engajamento. Questiono-me até que ponto algumas métricas de engajamento servem como pistas para o posicionamento das páginas do site no mecanismo de busca, uma vez que o Google está cada vez mais dando importância para isso[51].

Para ver como está o engajamento vindo da busca orgânica, entre em **Relatórios > Engajamento > Páginas e telas**. Nessa página, basta incluir no seu filtro de **"origem/mídia da sessão"**, o **"google/organic"**.

---

51 Trata-se só de um pensamento reflexivo, não tenho evidências para afirmar isso.

Filtro para exibição de resultados relacionados só com a busca orgânica do Google.

Será possível observar o tempo médio de engajamento, rolagens, contagem de eventos, dentre outras métricas para analisar o desempenho da busca orgânica do site.

Muitas dessas métricas podem ser observadas e combinadas com outras no Looker Studio.

Quais as análises possíveis?

Você pode mostrar aos seus colegas as páginas com mais tráfego, engajamento, as pesquisas que mais levam usuários ao site, entre outras informações para que os analistas de SEO possam observar a evolução de tráfego orgânico.

Geralmente, analistas de SEO gostam de realizar comparativos entre o tráfego atual e o do passado. Você pode trazer, em cada uma das variáveis analisadas, esse comparativo em forma de gráficos de linhas. Por exemplo, o número de usuários em cada um dos meses de 2023 comparando com 2022.

Alguns modelos de KPIs (*Key Performance Indicator*) importantes para a busca orgânica: receita, usuários, sessões, cliques por palavras-chave, as palavras que mais levam visitantes ao site, páginas mais acessadas pela busca orgânica.

Sophie resolveu fazer um comparativo, em uma tabela, de páginas/produtos e alguns desses indicadores, para entender como está o cenário da busca orgânica.

PÁGINA	RECEITA (R$)	USUÁRIOS	SESSÕES	CLIQUES POR PALAVRAS-CHAVE	PALAVRAS QUE MAIS LEVAM VISITANTES	HORAS TRABALHADAS NO MÊS
Placa de Vídeo GTX 1660	50000 (+10%)	1500	1800	300	GTX 1660, placa de vídeo barata	120
Processador Intel i7	70000 (+15%)	2000	2500	400	Intel i7, processador rápido	160
Teclado Mecânico RGB	20000 (+5%)	1200	1500	220	teclado RGB, teclado mecânico	80
Monitor 4K 27"	30000 (+8%)	1600	2000	350	monitor 4K, monitor 27"	100
Mouse Gamer	15000 (+4%)	1100	1300	180	mouse gamer, mouse para jogos	60
Headset Gamer	10000 (+2%)	800	900	130	headset gamer, fone de ouvido	40
SSD 1TB	25000 (+12%)	1300	1500	240	SSD 1TB, armazenamento rápido	140
Gabinete ATX	12000 (+4%)	900	1000	150	gabinete ATX, gabinete espaçoso	60
Memória RAM 16GB	18000 (+10%)	1400	1600	260	memória RAM 16GB, memória rápida	120
Fonte 750W	13000 (+5%)	1000	1200	170	fonte 750W, fonte potente	80

Sophie conseguiu estabelecer uma relação entre o esforço de SEO e os resultados. Os dados mostram que as páginas com mais horas de SEO tendem a apresentar maiores aumentos percentuais de receita, mais usuários e mais sessões. Isso sugere que o esforço dedicado ao SEO tem um impacto positivo nos resultados de busca orgânica, refletindo-se em maior tráfego e aumento de receita.

O analista pode usar um gráfico de dispersão para esse tipo de análise:

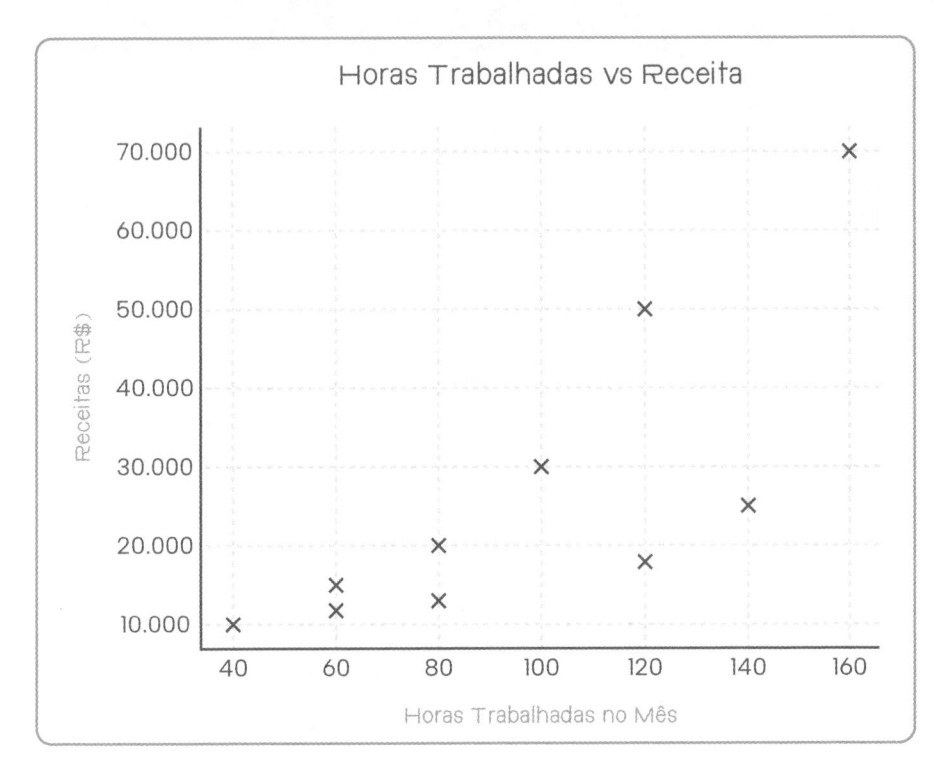

Horas Trabalhadas vs Receita

Gráfico de dispersão para analisar a relação entre esforço e resultado.

Nesse comparativo, Sophie utilizou a receita como variável, mas você pode elaborar estudos parecidos para cada um dos indicadores e realizar comparativos mostrando a evolução. Essa lógica pode e deve ser aplicada às campanhas também!

ANÁLISE DE CAMPANHAS

As campanhas online são motivo de preocupação para Sophie, pois ela sabe da importância de campanhas pagas para períodos comemorativos em alguns meses do ano, quando tradicionalmente o e-commerce vende mais. A maior preocupação dela é entender o nível de eficiência das campanhas em relação à verba que está sendo investida e o resultado. É uma balança desafiadora! Às vezes, para a receita aumentar, sacrifica-se o ROAS (investe-se mais para atingir a receita); às vezes, para o ROAS aumentar, sacrifica-se a receita (gasta-se menos em campanhas); além de outros dados e comportamentos, que precisavam ser acompanhados nesse processo. Também há uma preocupação por parte dela em fornecer informações aos *stakeholders*, uma vez que eles têm grandes expectativas quanto aos resultados dessas campanhas. Basicamente, Sophie entende que precisa entregar relatórios e análises relacionadas com as campanhas, mostrando justamente o sucesso de cada uma delas, bem como uma previsão e sugestões de ações, para que os analistas responsáveis tenham números para elaborar seus planos.

Grande parte das ações de marketing digital é oriunda de campanhas utilizadas para promover produtos e serviços. Trata-se de ações de publicidade que ajudam a angariar tráfego para o site, de modo que ele possa ser encontrado e visto por uma audiência qualificada, e, por fim, atinja os objetivos de leads ou vendas.

Na imagem[52] a seguir é possível notar que o **aumento da taxa de conversão** e a **otimização de campanhas de marketing** estão entre os principais objetivos na utilização de dados.

---

52 Disponível em: *https://diariodacienciadedados.com.br/dados-para-tomar-decisoes-2024*.

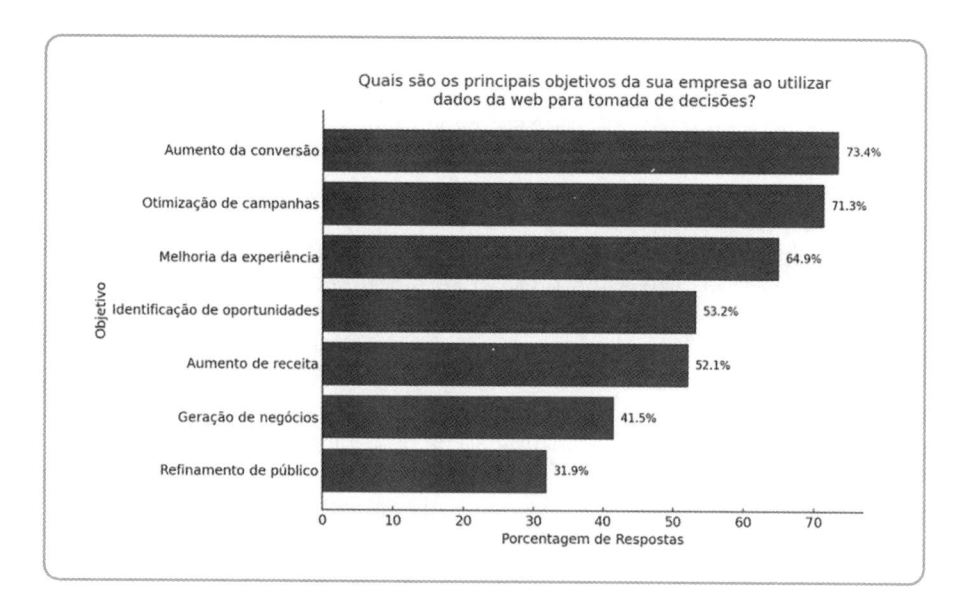

Quais são os principais objetivos da sua empresa ao utilizar dados da web para tomada de decisões?

Objetivo	Porcentagem de Respostas
Aumento da conversão	73.4%
Otimização de campanhas	71.3%
Melhoria da experiência	64.9%
Identificação de oportunidades	53.2%
Aumento de receita	52.1%
Geração de negócios	41.5%
Refinamento de público	31.9%

E essa preocupação é válida, pois o grande desafio para analistas de marketing é entender quais são as campanhas de maior sucesso e se estão trazendo para o site um público qualificado que atinge as metas estipuladas no planejamento da campanha. Sendo assim, é imprescindível existir uma medição adequada dessas campanhas.

Os patrocinadores das campanhas geralmente buscam saber quais estão obtendo mais sucesso (e há uma pressão por isso). Essa pergunta pode ser feita de várias maneiras, nem sempre com essas palavras.

O sucesso de uma campanha pode ser medido de diversas formas, como a maior receita gerada, o maior número de leads ou de novos usuários alcançados, dependendo dos objetivos estabelecidos. Vale ressaltar que as campanhas podem estar ativas em diferentes canais, como mídias sociais, anúncios pagos em mecanismos de busca, publicidade em portais, e-mail marketing, entre outros.

No contexto publicitário, as campanhas são empreendimentos visando promover produtos e serviços, destacando as vantagens de sua aquisição durante um período determinado. Existem características das campanhas que precisam ser consideradas nas análises de dados, tais como:

- **Tempo** — geralmente, as campanhas têm um tempo de execução determinado, com base na sua promoção. Por exemplo, o lançamento de um produto que será divulgado através de campanhas com desconto de 10% nos três primeiros dias após o lançamento. Nesse caso, os três primeiros dias condicionam o desconto. É importante entender que, durante o período examinado pelo analista, deve-se considerar uma quantidade de vendas maior, uma vez que um esforço maior será realizado nesse ínterim;

- **Esforço** — é comum no período de lançamento de campanhas, as equipes responsáveis pela sua operacionalização terem mais trabalho, afinal, todo o foco é direcionado para elas. Se pensarmos em uma filosofia de mensuração na qual vamos observar esforço e resultado, certamente esse período de campanha concentra a maioria do trabalho, ou seja, as atividades relacionadas ao empreendimento, bem como maior parte do resultado dedicada para essa campanha. Partindo desse ponto de vista há uma crítica minha para as contas sem priorização. O que é isso? É quando não há prioridade na operação publicitária do cliente. Existem diversas prioridades, focos, ou seja, nada é priorizado. Como analista de dados, pude observar que as contas com maior sucesso são aquelas em que são priorizadas campanhas para determinados produtos (ou uma categoria deles) em dado momento. Um exemplo, para fins didáticos. Um e-commerce tem cinco categorias de produtos, mas nota-se que no dia dos pais, dessas categorias, dez produtos vendem mais nesse período. Em uma análise de concorrência e relatórios de mercado, o analista de dados percebe que isso acontece com outros sites também. A empresa decide então priorizar a venda desses produtos no período, deixando boa parte dos investimentos e esforços para a venda dos produtos. Os esforços são divididos em campanhas de *social media*, social ads, busca paga, display, mídia programática, e-mail marketing, elaboração de peças gráficas e vídeos para veiculação nas ferramentas. Toda a equipe deve se concentrar nessa campanha. Os outros produtos continuarão a ser vendidos, mas o assunto inicial de toda reunião de equipe será a campanha de dia dos pais, bem como as priorizações determinadas. O analista de dados levará os números para as reuniões, de modo que mostre o esforço da equipe, os resultados, *insights* e ferramentas que estão retornando mais para os KPIs de campanhas;

- **Ferramenta é um outro tópico relevante**, pois quando falamos de campanhas online, temos várias opções de ferramentas. Para campanhas, o analista de tráfego poderá usar: Google Ads, Meta Ads e e-mail marketing para divulgação do produto que está sendo promovido. Na campanha, para cada uma dessas ferramentas se analisará quais estão retornando mais. Essa é uma atividade comum entre analistas de busca paga, pois o que o cliente quer saber é a distribuição de investimento em cada uma delas, bem como o retorno que está tendo em termos de receita e ROAS;

- O investimento deve ser observado, uma vez que ele é a base para o posterior cálculo de ROI e ROAS. Tenta-se sempre entender se o investimento dedicado retorna de maneira satisfatória. Principalmente em campanhas pagas (Google Ads, Meta Ads, mídia programática) o resultado é proporcional ao investimento realizado (pelo menos é o que se espera). A preocupação da maioria dos gestores de tráfego que trabalham nessa área é que o resultado das campanhas faça jus ao investimento realizado. É aí que entra o indicador de "ROI de campanha", tão mencionado dentro das agências de publicidade no Brasil. Basicamente, quer se entender o tamanho do retorno para cada real investido. Na imagem a seguir, nota-se a importância que profissionais de mercado dão para esse indicador. ROI, CTR, CAC, taxa de engajamento, entre outros, são indicadores frequentemente mensurados, quando se trata de campanhas pagas.

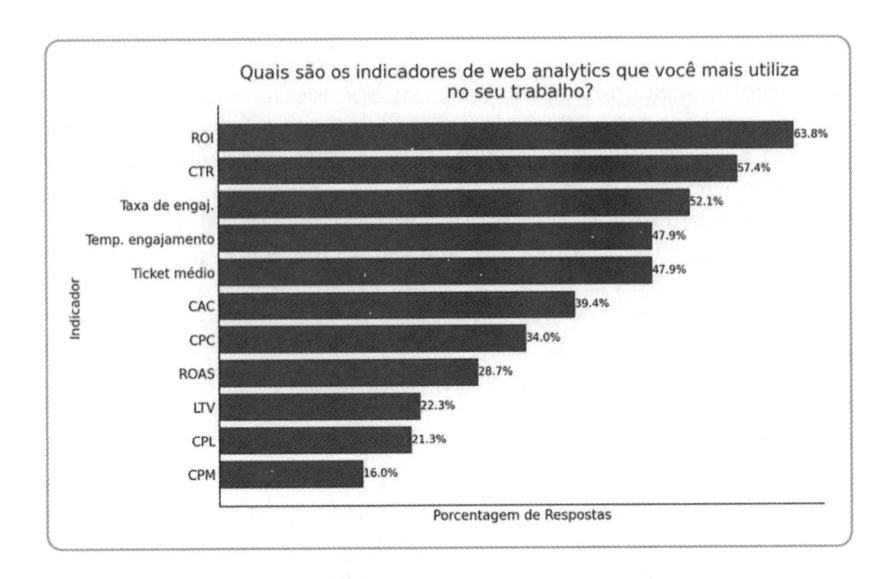

Quais são os indicadores de web analytics que você mais utiliza no seu trabalho?

Indicador	Porcentagem de Respostas
ROI	63.8%
CTR	57.4%
Taxa de engaj.	52.1%
Temp. engajamento	47.9%
Ticket médio	47.9%
CAC	39.4%
CPC	34.0%
ROAS	28.7%
LTV	22.3%
CPL	21.3%
CPM	16.0%

Pesquisa de utilização de dados da Web[53] – indicadores mais utilizados por profissionais de marketing digital.

- Além do investimento, campanhas têm a característica de utilizar outros recursos, como peças gráficas, vídeos, entre outros insumos relevantes para chamar a atenção do consumidor. Sou especialmente fascinado por medir a efetividade desses recursos, pois ao contrário da mídia offline – onde é difícil mensurar os dados, afinal você não sabe a quantidade de pessoas que viram determinada peça na rua –, na mídia online, você tem os cliques e as impressões que ajudam na composição do CTR (um dos indicadores mais utilizados por analistas, segundo a imagem anterior). A recomendação que eu faço para você, que está lendo este livro, **é que faça um controle dos indicadores de cada uma das peças veiculadas em campanhas, principalmente se tratando de Google Ads, Meta Ads, mídia programática, dentre outras**. Você pode montar *dashboards* específicos com os resultados das peças utilizadas, de modo que possa avaliar a efetividade de cada uma delas nas campanhas em que são veiculadas.

---

53 Disponível em: *https://diariodacienciadedados.com.br/dados-para-tomar-decisoes-2024*.

O Google Analytics rastreia o tráfego de cada campanha usando parâmetros específicos adicionados aos URLs dos links utilizados. Esses parâmetros, conhecidos como UTM *parameters* (*Urchin Tracking Module*), permitem que o Google Analytics identifique de onde vem o tráfego e atribua corretamente as visitas e conversões à campanha correspondente. Isso ajuda os profissionais de marketing a entenderem quais campanhas estão gerando o melhor retorno sobre o investimento e a otimizarem suas estratégias de marketing com base nesses dados.

URL Builder

Analistas de marketing podem utilizar o Campaign URL Builder para montar URLs de campanhas e por fim rastrear elas no Google. Essa ferramenta permite que o profissional determine a fonte da campanha, a mídia e dê um nome para ela, além de outros detalhes.

Exemplo:

> https://diariodacienciadedados.com.br/cynefin-uma-ferramenta-tomada-de-decisoes-bi/?utm_source=linkedin&utm_medium=social&utm_campaign=cynefin

Vamos decompor essa URL:

- **Utm_source=linkedin**: informa que essa URL foi utilizada no LinkedIn. A fonte (source) é o LinkedIn;

- **Utm_medium=social**: indica que se trata de uma rede social. Isso é importante para agrupar no respectivo grupo de canais;

- **Utm_campaign=cynefin**: refere-se à campanha chamada "cynefin". Esta URL é parte de uma campanha específica para promover um artigo de blog em diversas redes sociais.

Os parâmetros acima servirão para que o Google Analytics entenda onde cada uma das informações será posicionada na ferramenta.

O rastreamento de campanhas é primordial, pois você precisará saber quais são as mais efetivas. Imagine que Sophie precisará identificar quais são as campanhas de maior sucesso elaboradas pela empresa, aquelas com melhor retorno de usuários, ROI, dentre outros dados importantes. Ela precisará achar essas campanhas nas ferramentas que utilizará (no caso a principal, o Google Analytics). Mais que isso, ela precisará saber quais fontes (utm_source) ou canais (utm_medium) tiveram maior participação no que tange aos resultados.

No GA4 você pode ter uma visão detalhada de suas campanhas em **Relatórios > Aquisição > Menu aquisição de tráfego.**

Geralmente, a tabela inferior (imagem a seguir) mostra o **Agrupamento de canais padrão da sessão,** mas você pode mudar – no canto superior esquerdo da tabela para **Campanha da sessão,** com a finalidade de ver os detalhes.

No Google Analytics, nem sempre há uma única forma de conseguir realizar seus estudos. Também é possível observar como estão indo as campanhas (de Google Ads, por exemplo) através do menu principal **Publicidade**.

Recomendo que em suas análises você faça a comparação de períodos, inclua filtros de estado, cidade, dispositivos etc. Isso pode ajudar muito para a confirmação de hipóteses.

Dimensionar sua análise por regiões pode ser uma boa ideia, uma vez que no caso do Brasil, se trata de um país com dimensões continentais, culturas e diferenças territoriais expressivas. Imagine que algumas campanhas podem ser priorizadas em alguns locais, inclusive, a geolocalização delas é fundamental para um resultado mais efetivo. Vamos pegar como ensaio uma campanha de Google Ads, que foi veiculada em todo o território nacional, mas o analista ajustou a campanha para aumentar o lance quando a competição pelo posicionamento no mecanismo de busca fosse no estado de São Paulo Claramente, temos um caso de priorização de localidade, ou seja, para termos números confiáveis, é interessante uma análise específica daquela região, comparando seu resultado com os de outros estados, **para entendermos se o esforço** fez com que **atingíssemos a resposta pretendida.**

Para olhar a campanha da sessão, você pode fazer download ou enviar um link dessas análises à sua equipe – canto superior esquerdo da tela. Assim, terá uma visão geral das campanhas, com base em seus nomes (por isso é tão importante escolher nomes amigáveis!).

	Campanha da sessão	↓ Usuários	Sessões	Sessões engajadas	Tempo de engajamento médio por sessão
		171 100% do total	322 100% do total	227 100% do total	0 min 35 s Média de 0%
1	(organic)	44	82	55	0 min 49 s
2	livros	37	48	33	0 min 30 s
3	(direct)	19	31	24	0 min 29 s
4	(referral)	16	19	17	0 min 09 s
5	trilhaga4	16	29	18	0 min 11 s
6	engajamento	12	27	20	0 min 37 s
7	ga4	11	14	12	0 min 04 s
8	ga4paginasorigens	11	31	19	0 min 36 s
9	etl	8	11	9	0 min 33 s
10	novosrecorrentes	7	9	7	0 min 25 s

Tabela mostrando campanha da sessão. Nomes como: livros, trilhaga4, engajamento, ga4 etc., são nomes de campanhas relacionados ao blog que eu uso para postagem de artigos sobre análise de dados e Web Analytics. Trata-se de campanhas de divulgação dos artigos.

Em alguns relatórios, ao olhar o **Agrupamento padrão de canais**, é comum notar a presença de um canal *"Other"* ou *"Unassigned"*. Esse pode ser um problema de parametrização da campanha, ou simplesmente que o GA4 não conseguiu identificar ou conectar origem com um grupo de canais.

Acontece que, quando o anúncio não está nos produtos Google (como Google Ads, por exemplo), a sua parametrização não é automática, precisa ser configurada a URL da campanha (como expliquei anteriormente) para o Google Analytics fazer a identificação correta de origens, como: tráfego pago de uma rede social, de uma campanha de outra rede, *landing page*, e-mail marketing, entre outras, e faça o agrupamento no canal correto.

Para isso, você pode usar o Campaign URL Builder[54]. Os campos básicos a serem preenchidos são:

- Website URL: aqui é a URL direta para a sua campanha. Pode ser uma *landing page*, a página de um produto, um formulário, ou o que você desejar;
- Campaign Source: serve para identificar a origem do usuário, se ele está vindo de um site, de um e-mail de newsletter, de uma rede social, como Facebook ou Twitter;
- Campaign Medium: é a mídia da campanha. Aqui você tem algumas opções como cpc (para mídia paga), social, e-mail, banner, displayetc. É importante sempre consultar a ajuda do GA4 no "Agrupamento padrão de canais" antes de parametrizar a URL, para ter certeza de que vai enviar a instrução correta para a ferramenta;
- Campaign Name: o nome da sua campanha.

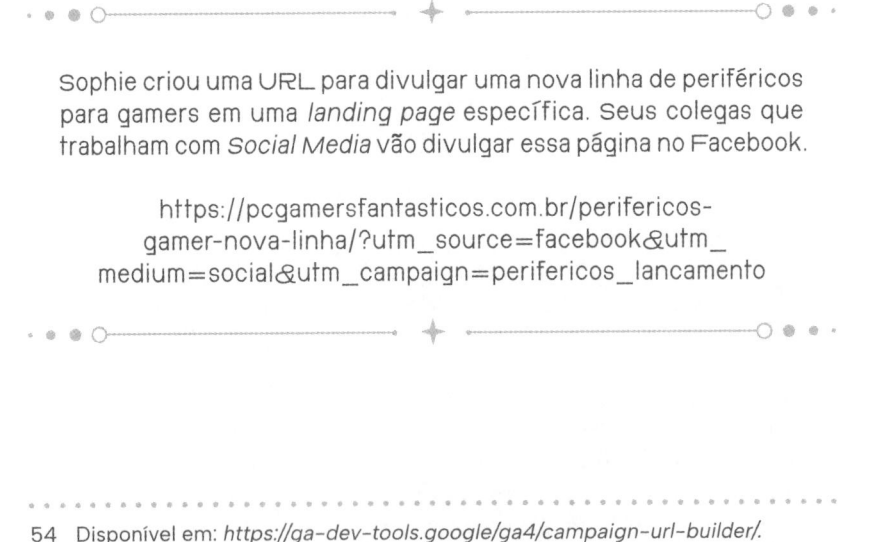

Sophie criou uma URL para divulgar uma nova linha de periféricos para gamers em uma *landing page* específica. Seus colegas que trabalham com *Social Media* vão divulgar essa página no Facebook.

https://pcgamersfantasticos.com.br/perifericos-gamer-nova-linha/?utm_source=facebook&utm_medium=social&utm_campaign=perifericos_lancamento

---

[54] Disponível em: *https://ga-dev-tools.google/ga4/campaign-url-builder/*.

CAMPO	VALOR	EXPLICAÇÃO
Website URL	https://pcgamersfantasticos.com.br/perifericos-gamer-nova-linha/	URL direta para a *landing page* da campanha, onde Sophie está promovendo a nova linha de periféricos.
Campaign Source	facebook	Indica que o tráfego está vindo do Facebook.
Campaign Medium	social	Especifica que o meio da campanha é uma rede social. Isso ajuda a agrupar no respectivo grupo de canais, facilitando a análise de desempenho.
Campaign Name	perifericos_lancamento	Nome da campanha específica que Sophie criou para o lançamento dos novos periféricos. Isso permite identificar e comparar o desempenho dessa campanha.

Novo grupo de canais

Muitas vezes, ocorre de um grupo de canais não existir no Google Analytics. Nesse caso, você pode criar um novo.

No caso da loja de PC Gamers, onde Sophie está trabalhando, ela notou que campanhas oriundas do WhatsApp não possuem uma relação direta com nenhum dos grupos de canais existentes. Assim, ela decidiu criar um agrupamento específico para receber os dados dessas campanhas.

A loja possui atendimento pelo WhatsApp através de um link no próprio site. O cliente entra no site, quer consultar sobre um produto ou obter mais informações, e ao invés de procurar e ler sobre o produto, ele resolve requisitar o atendimento para obter ajuda e concluir sua compra. Ele clica no link do WhatsApp e começa a conversar com o lojista.

Ao conversar com o time de atendimento, a loja passa a ter um relacionamento direto com o cliente. Respeitando as políticas de privacidade, o cliente pode receber URLs de promoções, entre outras informações, através do canal. É aqui que a parametrização, origem e canal se tornam relevantes, pois Sophie precisa informar ao Google Analytics qual é a origem e em qual canal ela deve ser agrupada.

Para fazer a configuração acima no Google Analytics, é necessário ter uma conta de Administrador. Siga os passos:

1. Vá em **Admin > Exibição de dados > Grupo de canais**;
2. Clique em **Criar novo agrupamento de canais**;
3. Realize a configuração necessária para incluir o WhatsApp como um novo grupo de canais[55].

> **Exibição de dados**
> Essas configurações controlam como os dados são exibidos nos seus relatórios
>
> Eventos
> Eventos principais
> Públicos-alvo
> Definições personalizadas
> Grupos de canais
> Configurações de atribuição
> Identidade do relatório
> DebugView

---

55 Aprenda mais sobre isso em: *https://metricasboss.com.br/artigos/agrupamento-de-canais-personalizado-no-ga-4*.

Ao realizar esse procedimento, Sophie vai coletar através de um novo canal no Google Analytics todo o tráfego e a receita oriundos do WhatsApp e poderá saber se esse canal está sendo mais efetivo que outros em campanhas. Ou seja, toda vez que o GA olhar para a UTM e encontrar *campaign source = whatsapp, vai agrupar esse tráfego no respectivo canal.*

Assim, a URL, resultado dessa parametrização, deve ser utilizada na sua respectiva campanha.

Como o Google Ads é um produto Google, possui uma integração maior com o GA4, sendo assim, para ver os dados de suas campanhas é interessante fazer a importação dos dados dele através do **vinculações de produtos**[56], como é feito com o Google Search Console para os dados de busca orgânica. Dessa forma, será possível ver os dados de palavras-chave, campanhas etc.

Para links de redes sociais, principalmente, é fundamental fazer esse tipo de parametrização (quando ela não existir de forma automática), afinal, seus indicadores dependem dela para serem classificados corretamente pela ferramenta de Web Analytics utilizada.

Quais as análises possíveis?

Em muitas empresas, uma fatia grande da verba de marketing se destina a campanhas digitais. Sendo assim, é importante saber qual a performance das melhores campanhas como e-mail, PPC (pague por clique), afiliados, dentre outras.

Você pode montar uma tabela com dados completos das campanhas ou mesmo um gráfico de linhas, comparando a receita e o gasto para cada uma delas.

---

56 Basta encontrar o Google Ads no local de vinculação e fazer o processo que a ferramenta vai pedir. É básico que você esteja logado no Google Ads, ou na MCC da suíte, com o mesmo usuário do GA4, para que as contas disponíveis apareçam para a vinculação de dados.

Top Campaigns
by CTR, Avg. CPC, and Cost / Conv.

	Campaign	CTR ▼	Avg. CPC	Cost / conv.
1.	1009693	Google Analytics Demo	DR	mli...	45,85%	$0,39	$19,66
2.	1009693	Google Analytics Demo	DR	mli...	33,33%	$1,61	$0
3.	1009693	Google Analytics Demo	DR	mli...	33,28%	$2,7	$156,76
4.	1009693	Google Analytics Demo	DR	mli...	33,02%	$2,85	$0
5.	1009693	Google Analytics Demo	DR	mli...	31,69%	$1,4	$0
6.	1009693	Google Analytics Demo	DR	mli...	30,43%	$2,4	$117,33
7.	1009693	Google Analytics Demo	DR	mli...	29,63%	$1,09	$135,45
8.	1009693	Google Analytics Demo	DR	mli...	28,13%	$3,2	$0

1 - 118 / 118

Modelo de tabela "comparativo de campanhas", com dados para tomada de decisões. Esse é um modelo disponível no Looker Studio, que pode ser usado para facilitar a análise.

Geralmente, eu uso o Looker Studio (como na imagem anterior) para montar *dashboards* de campanhas e realizar esses comparativos em diversos períodos diferentes. Você pode disponibilizar um *dashboard* como esse para seus colegas e seu cliente.

∿∿

Campanhas são cruciais para as empresas que dependem delas para parte de suas vendas. Não se esqueça de qual campanha que vai além do aspecto técnico da ferramenta de "pague por clique" que você está utilizando. Como mencionei anteriormente, ela faz parte de um empreendimento, a promoção de algum produto, o lançamento de uma nova marca, uma época comemorativa com uma sazonalidade positiva ao lojista. Imagine a quantidade de PC Gamers que a empresa de Sophie vende no Natal. Mais que isso, a quantidade de produtos que podem ser comercializados nesses períodos de grandes vendas.

Quando falo em campanhas, o leitor pode ter a sensação de que me refiro a um único produto ou categoria deles. Mas não é bem assim. No caso da loja de PC Gamers, outros produtos podem ser vendidos juntos.

O analista de dados pode tentar entender quais os jogos mais vendidos nas semanas que antecedem o Natal, e com esses números fazer uma previsão, apoiando o setor de marketing que está montando a campanha. Como curiosidade, no Natal de 2023 os jogos mais vendidos na Steam foram o Baldur's Gate 3, EA Sports FC 24 e Call of Duty Modern Warfare III[57]. Os valores variam entre R$ 144 e 210. Imagine que além do PC Gamer, a loja pode vender ou oferecer jogos de brinde para estimular a venda.

Eu sou consumidor de games, uma coisa que vejo que atrai os utilizadores de consoles é a possibilidade de o produto vir com o jogo, isso acaba estimulando a compra e a escolha por loja A ou B.

Nesse contexto, com números e criatividade, o analista de BI pode ajudar na criação de campanhas.

Outro ponto interessante é entender quais são as técnicas de refil que poderão ser utilizadas. Sophie pode estudar o comportamento de compra dos jogadores, por exemplo, o que eles adquirem após obter o seu PC Gamer. Fazem upgrade na máquina em quanto tempo? Quais jogos normalmente compram? Compram online? Preferem ir nas lojas físicas? Boa parte dessas perguntas pode ser respondida mediante pesquisas online através de formulários, com os próprios consumidores, ou mesmo conversando com alguns deles. Sim, isso mesmo, conversando com as pessoas! **Vivo dizendo que o analista de dados precisa sair detrás das máquinas!** Muitas vezes a conversa mediante um roteiro com o consumidor pode ajudar a complementar e contextualizar os números que você está vendo na tela.

Algumas perguntas sobre o público que podem ser estudadas e pesquisadas pelo analista de dados:

---

57 Fonte: artigo escrito por Juliano Aires, disponível em: *https://www.adrenaline.com.br/games/pc-games/baldurs-gate-lidera-vendas-em-semana-de-natal-na-steam-veja-top-10-da-semana/* .

PERGUNTA	EXPLICAÇÃO	POR QUE DEVE SER FEITA
Quem é o público-alvo da campanha?	Identificar o grupo específico de pessoas que a campanha pretende atingir.	Conhecer o público-alvo permite criar mensagens personalizadas e relevantes, aumentando a eficácia da campanha.
Quais são as necessidades e os desejos do público?	Entender o que o público-alvo está buscando e quais problemas deseja resolver.	Atender às necessidades e desejos do público é crucial para captar sua atenção e engajamento.
Onde o público-alvo passa seu tempo online?	Identificar as plataformas e canais online em que o público-alvo é mais ativo.	Saber onde o público passa seu tempo permite alocar recursos de marketing de forma eficiente e aumentar a visibilidade da campanha.
Quais são os interesses e comportamentos do público?	Compreender os hobbies, interesses e comportamentos online e offline do público.	Entender os interesses ajuda a criar conteúdo que ressoe com o público e aumente o engajamento.
Qual é a faixa etária e a demografia do público?	Identificar idade, gênero, localização, e outros dados demográficos relevantes do público-alvo.	A demografia ajuda a segmentar o público e personalizar a mensagem de acordo com as características específicas de diferentes grupos.
Quais são as objeções ou barreiras para a compra?	Compreender as possíveis razões pelas quais o público-alvo pode hesitar em comprar ou engajar com a campanha.	Identificar objeções permite criar estratégias para superar essas barreiras e facilitar a decisão de compra.
Quais são os principais influenciadores do público?	Saber quais pessoas, marcas ou fontes de informação influenciam as decisões do público-alvo.	Utilizar influenciadores relevantes pode aumentar a credibilidade e o alcance da campanha.

PERGUNTA	EXPLICAÇÃO	POR QUE DEVE SER FEITA
Qual é a jornada de compra do consumidor?	Mapear o caminho que o consumidor percorre desde o reconhecimento do problema até a decisão de compra.	Entender a jornada de compra ajuda a criar conteúdo direcionado para cada estágio do funil de vendas, facilitando a conversão.
Qual é o comportamento de compra do público?	Analisar como, quando e onde o público-alvo faz suas compras, incluindo preferências por compras online ou físicas.	Conhecer o comportamento de compra permite otimizar a experiência do cliente e adaptar as estratégias de marketing para aumentar as vendas.
Quais são os valores e crenças do público?	Entender os valores e crenças que são importantes para o público-alvo.	Alinhar a campanha com os valores e crenças do público pode aumentar a conexão emocional e a lealdade à marca.

Com os dados quantitativos e qualitativos[58], o analista pode ajudar seus colegas a formular estratégias. Imagine que com o formulário respondido sobre preferências de consumo, entre outras informações, Sophie pode montar com seus colegas estratégias para novas campanhas e, assim, obter sucesso nas metas de vendas da empresa. Além disso, será possível saber mais sobre os hábitos de consumo e comportamentos do cliente.

Nesse ponto, é importante entender que as redes sociais podem ser uma excelente fonte de informações, uma vez que, principalmente, o público gamer, potencial cliente da loja de PCs, utiliza bastante as redes sociais para transmitir seus jogos e manter suas comunidades, times e clãs ativos.

---

58 Dados quantitativos são numéricos, utilizados para quantificar elementos. Dados qualitativos são descritivos e não numéricos, usados para explorar características ou conceitos.

ANÁLISE DE REDES SOCIAIS

Atualmente, as redes sociais são fruto de grande atividade em toda a internet. Imagine que aonde você for, leva seu celular e, com ele, suas redes sociais. As pessoas, a maior parte do tempo, usam seus dispositivos móveis para acessar as próprias redes e através delas se atualizar. Polêmicas, produtos, serviços ou mesmo como entretenimento momentâneo, tudo passa pelas redes sociais.

Repare que em um elevador, por exemplo, as pessoas tendem a entrar e pegar o celular para checar mensagens e olhar o Instagram. Existem outras situações, em filas e salas de espera, onde os celulares fazem sucesso, pois o usuário acaba aproveitando esses momentos de ócio para se distrair. Todo esse comportamento gera sinais para as redes sociais.

O que é social analytics?

Social analytics é um termo que designa o processo de: coletar dados de plataformas de redes sociais (como Facebook, Instagram, Twitter, LinkedIn, YouTube) e analisar e interpretar esses dados, para entender o comportamento humano e as interações, assim como o sucesso de cada uma dessas redes para um negócio ou organização. Trata-se da observação do comportamento dos usuários e dos resultados que uma marca atingiu nas plataformas sociais online.

Esse trabalho inclusive fornece informações sobre a eficácia de campanhas de marketing nas mídias sociais, o sentimento geral sobre uma marca e até mesmo *insights* de mercado.

O fato é que as redes sociais dominam nossa vida!

Não é objetivo discutir se isso é bom ou ruim, mas é a realidade. Eu faço um esforço imenso para não olhar as redes sociais toda hora. Existem várias reportagens e artigos sobre esse assunto, afinal, passar muito tempo nessas redes pode prejudicar a vida dos usuários.

Empresas ganham dinheiro com redes sociais. Nos departamentos de marketing das empresas, as redes sociais são consideradas um canal relevante de comunicação com o consumidor. No início da ascensão das redes sociais na web, muitas organizações ficaram confusas em como responder a um possível diálogo com o consumidor, em como poderiam atuar. Mas, com o passar do tempo, entenderam como esse contato deveria existir. Há um consenso de que é o consumidor que escolhe como se estabelecerá uma conversa.

Os números provenientes de redes sociais são importantíssimos e devem ser considerados nas estratégias de comunicação das empresas. Por isso, existe até um termo, dentro do Web Analytics, que é o social analytics, que é nada mais nada menos que a análise dos dados da rede social.

Quando se trata de análises oriundas dessa fonte, eu vejo duas frentes respeitáveis de indicadores: dados relacionados às visitas de redes sociais no site e aplicativo; e informações de cliques, compartilhamentos, comentários e outras interações na rede social (Facebook, Instagram, Twitter etc.).

O fato é que as redes sociais são importantes fontes de visitas ao site. E elas podem ser tanto orgânicas quanto pagas. Orgânicas são aquelas visitas oriundas de links postados na timeline[59] das redes ou oriundas de propagandas, uma vez que a maioria dos sites e aplicativos de redes sociais já possuem sistemas atraentes para as agências de publicidade desenvolverem suas campanhas. Ou seja, além das

---

59   Linha do tempo das redes sociais, na qual, ao deslizar para cima ou para baixo, o usuário pode verificar as postagens de outras pessoas e suas respectivas atualizações.

campanhas, as empresas têm suas postagens orgânicas, aquelas que não são patrocinadas/impulsionadas.

Os dados relacionados às visitas vão ajudar a avaliar a efetividade de campanhas pagas e orgânicas nessas redes. Pense que o Facebook, por exemplo, além de ser um ótimo ponto de comunicação direto com o consumidor, também possibilita alocar peças publicitárias. Ele tem o Meta Ads, com a mesma ideia do Google Ads, uma plataforma de anúncios que exibirá publicidade para os usuários que você escolher. Permite a criação, gestão e análise de campanhas publicitárias nas diversas redes sociais que pertencem ao Meta, como Facebook, Instagram, Messenger e Audience Network. Essa plataforma oferece uma variedade de ferramentas para segmentação de audiência, criação de anúncios e monitoramento de desempenho.

Nessa categoria, podem ser considerados posts nas redes sociais, com novidades do blog da empresa, promoções no caso de e-commerce, campanhas de lançamento, entre outros. Hoje, as plataformas, como Facebook e Instagram, não dão tanta ênfase para esse tipo de publicação, quando se trata do alcance, do número de pessoas impactadas pela peça, afinal, o interesse deles é que o maior número possível de usuários sejam impactados pela publicidade. Em outras palavras, o Facebook e o Instagram dão mais relevância para publicidade (que é paga) do que para postagens orgânicas (sem impulsionamento).

Dados de redes sociais no Google Analytics

Com o intuito de analisar os dados de tráfego para o site oriundos das redes sociais, você pode utilizar o Google Analytics. Na ferramenta, é necessário que você monte um relatório através do menu **Explorar**, como mostra a imagem a seguir. Com esse propósito:

1. Acesse o menu Explorar no GA4. É o terceiro ícone do menu;
2. Em linhas, você vai colocar **Origem**. Aparecem várias em um primeiro momento, mas nós vamos tratar disso depois, para filtrar só as linhas que queremos;

3. Em **Valores**, "Total de usuários" ou outras métricas que deseja;

4. Vá em **Filtros** e selecione **Origem**, escolha expressão regular (**corresponde à RegEx**). No caso, eu usei uma expressão regular simples "facebook|linkedin|whatsapp|twitter" para que o GA me mostre só os usuários oriundos dessas redes[60].

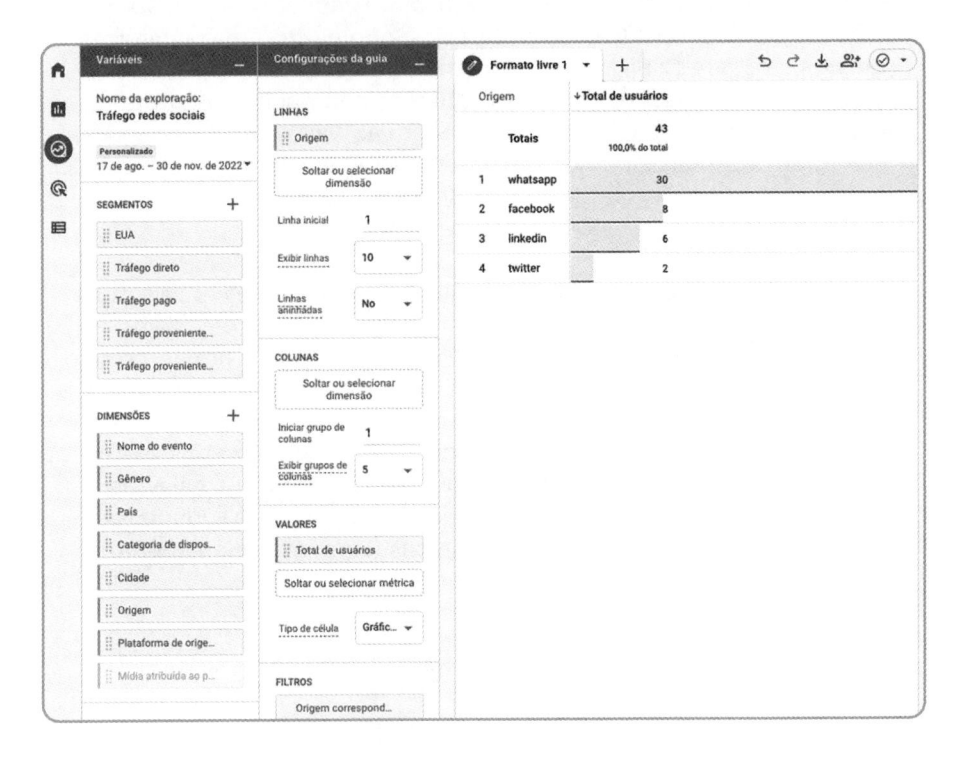

Menu "Explorar" no Google Analytics.

Há uma forma mais simples de conseguir visualizar os acessos de redes sociais de forma mais genérica, através do menu "Aquisição > Aquisição de tráfego" e, na tabela que vai aparecer, procurar por Organic Social (referente às ações orgânicas) ou Paid Social (referente às ações pagas em redes sociais, alavancadas por campanhas).

---

60 Aqui é importante que o UTM da campanha tenha sido usado para que seja possível identificar as origens de forma eficiente.

Dados de redes sociais no Semrush

As redes sociais exploram o diálogo com sua marca. Curtir, compartilhar e comentar são verbos comuns quando se trata de *social media* e todos devem ser medidos. Esse diálogo estabelecido entre marca e público deve ser aproveitado.

Para os dados, tanto de visitas ao site como da própria rede social, você pode usar o **Semrush**. Há inúmeras soluções no mercado, mas escolhi essa, pois ela reúne em uma única plataforma muitas ferramentas que me ajudam no monitoramento de vários indicadores.

Primeiramente, você deve ter ou criar uma conta no **Semrush**. Considerando o quão fácil é criar uma conta dessas (entre em: *https://www.semrush.com/* – e crie sua conta), não abordarei esse processo, focando somente a análise dos números.

1. No menu esquerdo, superior, da ferramenta, você encontra a opção **Redes sociais**;

2. Ao entrar nesse submenu, encontrará **Painel de ferramentas** *Social Media*;

3. Dentro do painel, vá em *Social Media Tracker*, você pode criar um projeto no botão **Create Project** no canto superior direito;

4. Você precisa incluir o domínio do seu site e escolher um nome para o projeto;

5. Depois, o **Semrush** mostra uma tela para que você adicione as redes sociais relacionadas com o site.

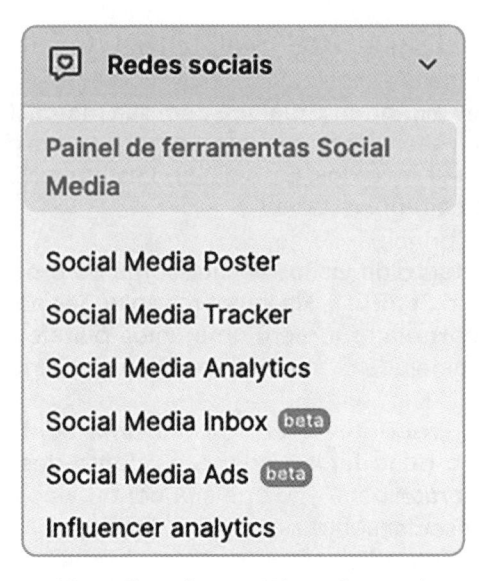

Menu de redes sociais no Semrush.

Após adicionado o projeto, com as redes sociais, você pode entrar em *Social Media* **Analytics**. Ele vai mostrar os dados das redes sociais que você adicionou.

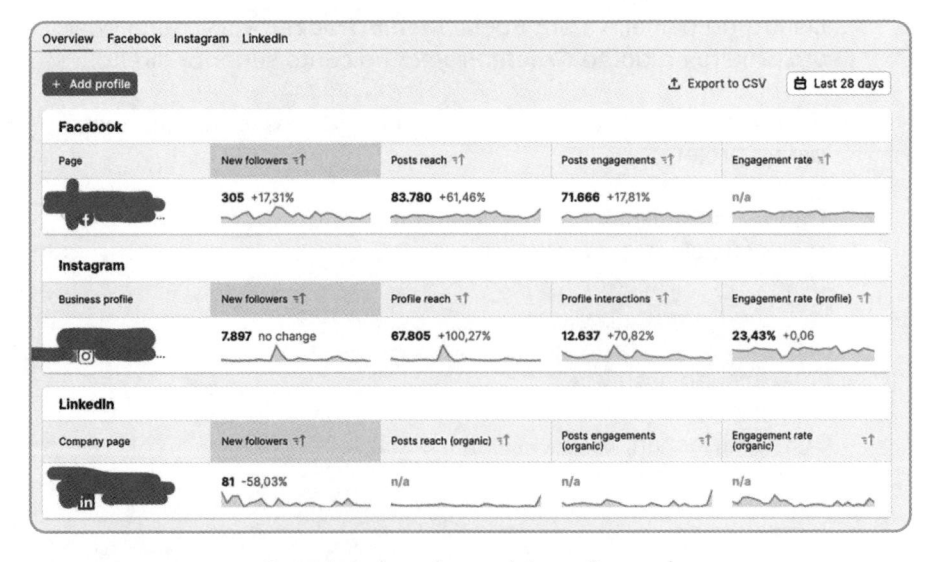

Overview de redes sociais no Semrush.

Note, na imagem anterior, que a ferramenta mostra alguns dados para cada uma das redes sociais adicionadas. São indicadores importantes, como:

- **New followers**, ou seguidores: essa é a métrica mais comentada quando se quer entender o sucesso de um perfil em uma rede social, principalmente, se tratando de Instagram e Twitter. Influenciadores digitais adoram esse indicador;

- **Posts reach**: mede o alcance dos posts. Não confunda alcance com impressões. Esta última mede a quantidade de vezes que a peça foi visualizada, enquanto o alcance considera somente os usuários;

- **Engagement rate**: trata-se de uma taxa de interação da audiência com a rede social. Aqui, o que a ferramenta faz é uma fórmula, com base no total de interações do usuário com os posts, número de posts e audiência;

- **Posts engagements**: é também uma taxa de engajamento, com a qual você pode comparar quais posts tiveram a maior taxa de engajamento (cliques, compartilhamentos, curtidas) e entender quais os conteúdos prediletos da sua audiência.

A ferramenta possibilita ver os detalhes de cada rede social nas abas superiores. Para cada rede social, o **Semrush** mostra seus respectivos indicadores.

É fundamental entender que cada rede pode ter diferenças quanto a métodos de medição. Aqui, mais alguns indicadores:

- **Like**: é um indicador importante quando se trata de Facebook, Twitter e Instagram. A quantidade de likes em um post no Twitter, mais a quantidade de comentários, pode mostrar a relevância de determinado assunto;

- **Comentários**: ah, os comentários! Talvez sejam eles que transformam a rede social no que ela é. Esse é um dos indicadores mais controversos, pois nem sempre significa que o comentário é positivo. De qualquer forma, trata-se de um indicador de interação. Pense que as redes sociais são um espelho do que acontece na sociedade, logo, representam muito do que as pessoas sentem, então, da mesma forma que elas opinam e abordam assuntos na vida fora do computador, elas farão a mesma coisa nos comentários. Na minha visão, trata-se de um indicador que não deve ser visto sozinho;

- **Compartilhamento**: ajuda a entender o quanto o post foi útil para determinada parcela de usuários. Principalmente posts orgânicos, pois acabam precisando mais de compartilhamento para que sejam vistos por outros usuários;

- **Quantidade de posts**: aqui é um indicador de produtividade das redes sociais, bom para avaliar a relação de posts com as interações e vendas no site da empresa.

Os indicadores de redes sociais, oriundos do comportamento do usuário, estão diretamente ligados e influenciam o algoritmo das redes sociais, pois eles mostram para o mecanismo da rede quais os posts, perfis, com maior engajamento.

Esses dados podem ser apurados dos concorrentes, assim, é possível fazer um *benchmark* com o mercado, avaliar o tom usado na comunicação, possíveis problemas e como o consumidor procura esse tipo de negócio na internet.

Você ainda pode considerar o uso de ferramentas como o *Supermetrics*[61] e o *Reportei*[62], entre outras, que podem importar dados das redes sociais para o *Looker Studio*[63], o que é uma ótima ideia, afinal, você terá em um *dashboard* os dados de que precisa.

Contudo, para obter os dados diretamente das redes sociais para o *Looker Studio*, você não vai conseguir fugir de um conector pago ou

---

61 Disponível em:*https://supermetrics.com/*.

62 Disponível em:*https://reportei.com/*.

63 Disponível em:*https://lookerstudio.google.com/*.

de uma solução paga (como o **Semrush**) que forneça esses relatórios para você.

Outra ferramenta de que eu gosto para criar *dashboards* de dados de redes sociais é o **Reportei**. É excelente para geração de relatórios para Social Analytics. A principal vantagem, na minha opinião, é que você não precisa fazer grandes esforços, principalmente para fazer a conexão dos dados, o que em outras ferramentas pode ser um desafio.

Depois de fazer sua conta, é possível conectar as redes sociais que quer monitorar e, além disso, desenvolver relatórios e *dashboards*. Alguns deles você já pode usar de modelos oferecidos pela plataforma, o que facilita ainda mais a vida do analista. Dependendo do plano, o Reportei oferece conectores para as principais redes sociais como Instagram, Facebook, YouTube, dentre outras. Além disso, ele permite que se crie uma visão e acesso para compartilhar com parceiros e colegas de trabalho.

A seguir, mais algumas ferramentas que auxiliam em análises de redes sociais:

FERRAMENTA	URL	CARACTERÍSTICAS	PREÇO
Meta Business Suite	business.facebook.com	Ferramenta abrangente para gerenciar Facebook e Instagram, incluindo agendamento, mensagens e análises.	Gratuito
Hootsuite	hootsuite.com	Permite agendamento, análises e colaboração em equipe em várias redes sociais.	Freemium
Buffer	buffer.com	Foca no agendamento de postagens e análises em várias redes sociais.	Freemium
Sprout Social	sproutsocial.com	Oferece agendamento, análises e monitoramento social em várias plataformas com recursos de relatórios robustos.	Pago
TweetDeck	tweetdeck.twitter.com	Ferramenta específica para Twitter para rastreamento em tempo real, organização e engajamento.	Gratuito
LinkedIn Analytics	business.linkedin.com	Fornece análises para páginas de empresas e perfis pessoais no LinkedIn, incluindo métricas de engajamento.	Gratuito
Iconosquare	iconosquare.com	Ferramenta de análise e gestão para Instagram e Facebook, focando *insights* detalhados e rastreamento de desempenho.	Pago
BuzzSumo	buzzsumo.com	Ferramenta de descoberta de conteúdo e análise de desempenho, inclui análise de redes sociais e rastreamento de tendências.	Freemium

Quais as análises possíveis?

As redes sociais são primordiais para as empresas hoje e certamente você será abordado várias vezes para apresentar os resultados de campanhas em redes sociais.

Você poderá comparar tráfego oriundo de redes sociais, além de olhar para a relação das interações, como curtir, comentar, compartilhar etc.

Eu creio que o mais importante seja você mostrar ao analista de *social media* e, principalmente, ao cliente, aquilo que está dando certo.

Você pode montar relatórios, expondo a quantidade de interações nas redes sociais que está analisando, além do tráfego oriundo dessas fontes para o site.

Há o interesse por parte do cliente, também, em saber o retorno financeiro das ações nessas redes, então, inclua essas informações em seus relatórios.

Um erro frequente em análises de redes sociais é o analista de BI olhar só para as métricas, sem verificar a postagem. Nesses casos, visite a peça que está recebendo várias interações e verifique se os comentários são positivos ou negativos.

Ao olhar para os dados das postagens você pode entender melhor o que está acontecendo, o que as pessoas gostaram mais. No caso a seguir, são postagens oriundas do Instagram.

Dados orgânicos de postagens

Postagem	Tipo	Alcance orgânico	Impressões orgânicas	Engajamento orgânico ∨	Curtidas orgânicas	Comentários orgânicos	Salvo orgânico	Visualizações do vídeo orgânicas	Seguidores orgânicos	Visitas do perfil orgânicas	Compartilhamentos orgânicos	Criado em
Iniciar seus estudos pelos ...	Image	141	151	33	27	0	5	-	0	4	1	22/04/2024
Olá amigos, tudo bem? Estou...	Image	134	143	24	20	2	0	-	1	6	2	16/04/2024
Se você atua no universo do...	Image	151	161	22	22	0	0	-	0	4	0	27/03/2024
Como evitar isso? Em novos...	Image	106	119	13	11	0	1	-	0	0	1	17/04/2024
Corrigir erros HTML é funda...	Image	116	122	12	10	0	2	-	0	0	0	15/04/2024

Na imagem anterior, é possível notar que as postagens não possuem muitos comentários e não que isso seja um grande problema, mas certamente o incremento deles ajudará para que as postagens se tornem mais relevantes para a audiência.

Certa vez, analisando os indicadores de redes sociais de um cliente, aconteceu uma situação parecida. Geralmente, seus posts não tinham tantas interações, mas um deles tinha diversos comentários, reações etc. Ao verificar a postagem, percebi que se tratava de uma crise relacionada a um produto. Destaquei as informações em um relatório e coloquei o print de alguns comentários, mostrando que esses dados saíam do padrão em virtude dessa crise. Sugeri algumas ações para que contivesse a crise e ficasse evidenciado ali a preocupação da marca com a satisfação do cliente.

Eu sempre indico um processo de melhoria contínua para a estratégia digital do cliente, principalmente naquelas relacionadas com redes sociais. Esse processo pode se resumir em:

1. Analisar os dados oriundos das postagens (alcance, impressões, engajamento, curtidas, comentários etc.);

2. Contextualizar esses dados, entrando em cada uma das postagens, entendendo quais foram as reações, comentários, se é uma crise, uma oportunidade etc.;

3. Promover melhorias ou repetir a receita. Por exemplo, foi uma crise? Então o que precisa ser feito para que isso não ocorra novamente? Foi algo bacana, que acabou estimulando a participação das pessoas? Ver o que vale a pena para evoluir esse resultado; e por fim

4. Repetir esse ciclo novamente.

Considere sempre a pirâmide de indicadores, como esclareci no respectivo capítulo. No ponto 1 do ciclo recomendado para social analytics, que você busque entender, além do sucesso, qual o esforço para empreender as respectivas ações. Em boa parte das vezes você vai notar que as ações que mais deram resultados foram aquelas que não exigiram tanto esforço.

Recomendo que o leitor faça esse comparativo por rede, mas busque fazer correlações. Por exemplo, algo que viralizou pelo Instagram, também viralizou no TikTok? Embora algumas redes tenham comportamentos mais peculiares, algumas postagens podem fazer parte da mesma campanha, correto? Sendo assim, é relevante entender por que tal peça teve um bom engajamento na rede social A e não obteve na B. Ou então, por que algo que exigiu um grande esforço simplesmente não deu resultado.

Um outro ponto a ser entendido aqui é o conceito de resultado para rede social, até porque, embora muitos queiram vender, o real resultado aqui pode ser inesperado e não conectado com sua estratégia. O que eu quero dizer com isso?

Certa vez um cliente fez um carrossel, bastante informativo, sobre seu tema de atuação. A postagem teve poucos comentários, mas muita gente salvou o conteúdo. Talvez isso tenha acontecido porque o post tinha mais atratividade para ser salvo do que para que comentassem sobre ele. Esse tipo de coisa precisa ser analisado por quem vai observar os motivos que levaram um usuário a comentar, curtir, salvar ou compartilhar uma postagem.

As redes sociais servem para um propósito de engajamento de público, então, ocorre com o perfil aquilo que o meio em que ele está atribuído proporciona. Um exemplo: redes sociais de e-commerce geralmente tem reclamações de produtos, ou mesmo busca de informações sobre características; perfis de empresas de serviços são seguidos por uma grande quantidade de pessoas que buscam emprego; entre outras características. No caso da loja de PC Gamers, os vídeos são essenciais!

Social analytics no YouTube

Sophie trabalha em um e-commerce de PC Gamers e, hoje em dia, muitos usuários procuram informações relacionadas com peças e periféricos para esses tipos de computadores nas redes sociais. Sendo assim, ela sabe da importância de competir nessa rede também. Ao analisar o canal da empresa nessa rede, ela notou que esse canal tem potencial do ponto de vista de dados. Ela percebeu que dentro do trabalho de BI, pode elaborar alguns relatórios de social analytics, e fazer uma relação de postagens com mais sucesso nas redes sociais, inclusive no YouTube, dos vídeos mais assistidos e temas que podem ser melhor explorados, uma vez que muitos gamers buscam informações sobre equipamentos nessa rede social.

O YouTube é uma das redes sociais mais importantes quando se trata de entretenimento e busca de informações, além disso, ele gera dados que precisam ser observados com muita atenção para que novas ações possam ser elaboradas.

Gosto de dizer, sempre que tenho oportunidade, que o YouTube é um dos principais mecanismos de busca para pesquisas informacionais. São aquelas pesquisas com caráter de buscar por informações rápidas, no sentido de "o que é", "como fazer" etc.

Outro fato interessante é que se trata de uma rede social que as pessoas utilizam enquanto estão fazendo outras coisas. Os internautas utilizam o YouTube para ouvir podcasts, música, aprender sobre coisas, buscar dicas e soluções. Nesse enfoque, algumas empresas aproveitam esses comportamentos e produzem vídeos direcionados para seu consumidor em potencial.

Diversas empresas promovem conteúdo através de vídeos para que possam divulgar seus produtos e serviços. Trata-se de uma forma de gerar conteúdo sobre seus produtos e serviços ajudando outras pessoas. Ou seja, as organizações aproveitam a busca informacional que o consumidor faz para divulgar suas soluções não só através do alcance orgânico, busca e impressão, mas inclusive mediante anúncios na plataforma.

O algoritmo do YouTube sofre mudanças para acompanhar diretrizes e comportamentos sociais. Isso acaba movimentando os números dos canais. Imagine que empresas foram formadas por conta da possibilidade de ganhos com o YouTube. Sendo assim, ações e estratégias de vídeos que atraiam audiência podem ajudar na arrecadação de canais parceiros da plataforma, que ganham dinheiro através das publicidades na plataforma.

O objetivo dessas ações é melhorar a audiência do canal e com isso ajudar os objetivos de visibilidade de marca, comercialização de algum produto ou serviço, ou mesmo ganhar dinheiro com publicidade.

E nesse contexto podemos considerar a pergunta: por que é importante acompanhar os dados do YouTube?

Os dados podem mostrar um caminho a ser seguido pelos publicadores, um recorte daquilo que deu certo. Se partirmos do princípio que as decisões devem ser tomadas com base em dados, olhar para eles buscando entender o que está performando bem faz total sentido nessa grande rede social.

Se você possui um canal, pode acessar o YouTube Studio. A rede social mostra o desempenho do vídeo mais recente e já é possível analisar alguns dados interessantes.

Além disso, a ferramenta possui o próprio Analytics. Você pode verificar através desse recurso dados como views (visualizações), número de inscritos, tempo de exibição de vídeos, entre outras métricas.

Estatísticas do canal, na primeira página do Analytics do YouTube.

Aqui estão as principais métricas e onde você pode encontrá-las no YouTube Studio:

1. Visualizações: esta é a métrica mais básica. Ela simplesmente conta quantas vezes um vídeo foi visto. No menu à esquerda, clique em Analytics > Visualizações > Ver mais, para observar as visualizações por vídeo;

2. Inscritos: são pessoas que optaram por seguir seu canal para receber atualizações sobre novos vídeos. No mesmo painel, você encontrará a métrica "Inscritos";

3. Tempo de exibição: apresenta a quantidade total de tempo que as pessoas passaram assistindo a seus vídeos. No mesmo painel, em "Tempo de exibição", você pode clicar em "Ver mais" para observar o tempo de exibição por vídeo. Isso é especialmente importante, pois você poderá comparar essa métrica para cada um dos vídeos e entender como eles estão mantendo ou não o interesse da audiência;

4. **Origens de tráfego**: mostra de onde vêm as visualizações dos seus vídeos. No menu Análise > Modo avançado > Origem do tráfego. Essa informação pode ajudar a entender quais ações estão sendo feitas e colaborando mais para a audiência do canal.

Também é possível ver dados relacionados ao YouTube no Reportei ou no Looker Studio. Este último inclusive tem um modelo de *dashboard* que pode ser usado. Com essas ferramentas você analisa dados do passado, além de fazer comparativos entre períodos.

O Looker Studio tem um *dashboard* modelo que pode ser utilizado para analisar os dados do YouTube. Nele é possível fazer uma cópia e customizar o seu relatório, ou mesmo clicar em "Usar meus próprios dados" para realizar suas análises.

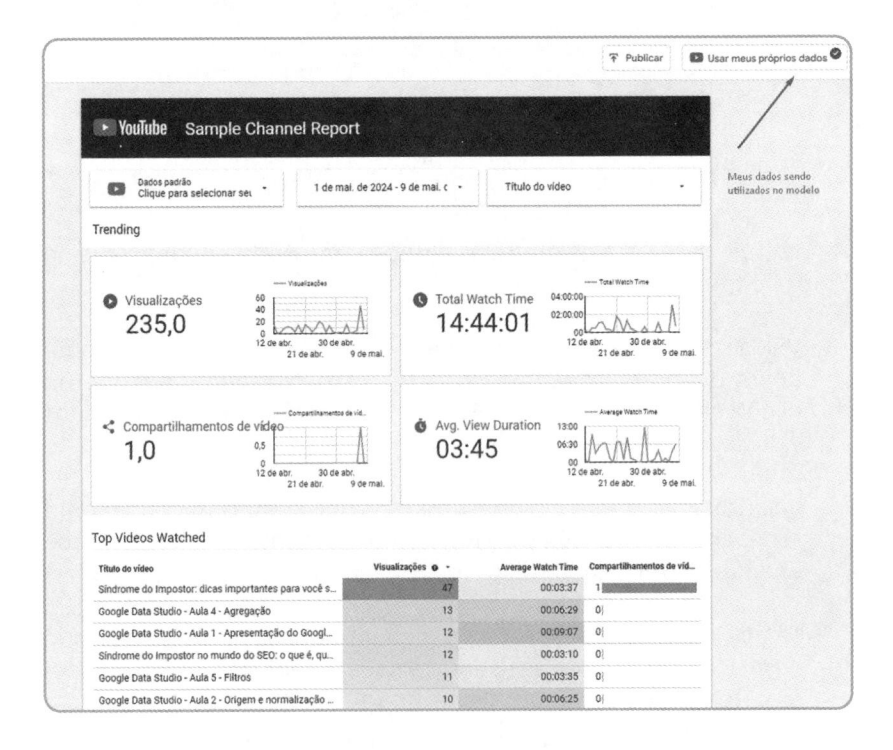

Relatório de exemplo para YouTube, no Looker Studio.

Faça uma análise de cada um dos vídeos. No seu *dashboard* ou mesmo no YouTube Studio, que tem uma apresentação resumida do seu canal e vídeos, você pode observar quais vídeos tem mais curtidas, comentários, reações e entender quais assuntos chamam mais a atenção da audiência.

Uma dica aqui: você pode colocar essas estatísticas na Niara, ou outra IA do seu gosto (vou explicar mais sobre isso no capítulo "IA para análise de dados"), e pedir para a inteligência fazer sugestões de outros vídeos com base no que deu certo. É importante frisar que nos dias de hoje, principalmente em campanhas de lançamento em redes sociais, a utilização do e-mail pode ser um ótimo complemento para as ações que serão promovidas e analisadas depois, pois elaboram uma continuação do relacionamento social, só que agora em um ambiente mais privado.

ANÁLISE DE E-MAIL MARKETING

O e-mail marketing é uma das ferramentas mais relevantes do marketing digital. Além disso, em alguns sites ele acaba tendo uma das melhores taxas de conversão, pois tem um foco grande na comunicação com clientes recorrentes. Contudo, na minha visão, o mercado aproveita mal este recurso.

Do que vejo, atualmente, são muitos negócios que utilizam o e-mail só como recurso de promoção , e não de relacionamento. Por que isso é ruim? Porque o e-mail e a promoção foram banalizadas a ponto de algumas pessoas simplesmente não abrirem mais seus e-mails de lojas.

O e-mail pode ser usado de várias formas por quem vai operar essa mídia:

- Promoções de produtos novos, com descontos, em datas comemorativas;

- Criar um relacionamento com o cliente. Aqui vão desde ações de felicitações por aniversário, pesquisa de qualidade, envios de informações etc.;

- Informações transacionais relacionadas com compras, notas fiscais etc.;

- Controle de qualidade de serviços;

- Técnicas de refil, quando o lojista pode utilizar a obsolescência programada do produto ou mesmo do seu fim esperado (algo consumível), para vender outro igual ou da mesma categoria.

Um e-commerce já tem sua base de contatos. Imagine que é possível para a empresa filtrar usuários com interesse em determinado produto e enviar comunicações por e-mail com novidades, promoções ou até estratégias de recompra.

Alguns negócios possuem produtos e serviços que privilegiam a recompra, que eu chamo de técnica de refil. Um ótimo exemplo são os suplementos alimentares. Se o consumidor compra um *whey protein* hoje, e tem uma agenda de treinos regulares, ele vai consumir esse alimento em determinado tempo e depois vai precisar de mais.

Se o e-commerce tem uma estimativa do tempo de consumo de suplementos, ele pode enviar comunicações sugerindo a compra do produto, com cupom de desconto ou outras facilidades. Ou mesmo só lembrar dos benefícios da utilização contínua deles.

Façamos um ensaio, para que você entenda melhor:

No e-commerce de PC Gamers, Sophie pode privilegiar uma jornada na qual o consumidor compra depois de determinado tempo outros equipamentos para complementar ou atualizar o da primeira aquisição. Imagine que no e-commerce "PC Gamers Fantásticos", Sophie faça um estudo visando entender o que as pessoas compram depois dos seus PCs e em quanto tempo isso acontece. Ela descobre que sempre após a compra do respectivo equipamento, depois de seis meses, em média, os consumidores adquirem placas de vídeo e fontes. Ao conversar com colegas de trabalho, ela entende que algumas placas de vídeo exigem fontes mais robustas.

Sophie – Mas por que as pessoas já não compram os PCs com as placas de vídeo que querem?

Colega – Porque a maioria dos equipamentos vendidos são equipamentos de entrada, eles conseguem rodar alguns jogos, mas para jogos com gráficos mais pesados, precisam de placas melhores.

Sophie – E nós estimulamos esse upgrade de alguma forma?

Colega – Não...

Sophie pode mostrar os dados de recompra de produtos, posteriores aos de entrada, e depois de determinado tempo e propor, com base em seus números, uma jornada.

Uma jornada de e-mail, que visa a recompra de produtos em uma loja de e-commerce, é uma série de e-mails automatizados e estrategicamente planejados para incentivar os clientes que já fizeram uma compra a voltar e comprar novamente. O objetivo é manter um relacionamento contínuo, lembrando de seus produtos preferidos ou sugerindo novos com base em suas compras anteriores, aumentando assim a lealdade e o valor de vida útil do cliente (LTV). A seguir, alguns exemplos:

Produtos recomendados: com base na compra anterior, o cliente recebe sugestões de mercadorias complementares ou similares. Este e-mail pode ser personalizado, usando dados de comportamento e preferências de compra. No caso da loja de PC Gamer, sabendo que o consumidor comprou um equipamento de entrada, a loja pode oferecer o upgrade com uma condição especial. O analista pode ajudar a determinar essa estratégia (com base no estudo dos dados), bem como avaliar os resultados. Podem ser bons indicadores aqui, taxa de abertura de e-mail, cliques na campanha e conversões. Vou explicar cada um deles logo mais.

É importante que o analista entenda quais promoções são realmente relevantes para a respectiva fatia da base. O que eu quero dizer com isso? O cliente, através dessa jornada, pode receber e-mails com ofertas especiais, descontos exclusivos ou promoções limitadas, mas é necessário enviar a comunicação certa para as pessoas corretas. Novamente, pensando no caso da loja que estamos usando como exemplo no livro, nem todos os consumidores podem ter adquirido produtos de entrada. Essas ofertas podem ser baseadas em produtos comprados anteriormente ou em categorias de interesse, mas é necessário avaliar e classificar adequadamente a base para aumentar as respectivas taxas e o real interesse do cliente.

Uma base de e-mails é uma coleção de endereços de e-mails coletados por uma empresa, usada para enviar comunicações eletrônicas a um grupo de pessoas. Essas comunicações podem incluir newsletters, ofertas (como mencionei anteriormente), atualizações de produtos, convites para eventos e outras formas de marketing direto. No entanto, imagine que uma empresa pode captar esses e-mails de diversas formas: através de compras, cadastros de interesse, eventos etc. Assim, deve existir uma classificação de interesses, usando os indicadores de comportamento do cliente, para ser feita essa classificação. Ou seja, em uma campanha de e-mail, em uma jornada, não será enviada a comunicação para toda a base, a não ser que realmente seja do interesse de todos.

Como o analista pode colaborar aqui? Entendendo as bases e os resultados, como no exemplo da Sophie. Ela entendeu uma situação, visualizou uma oportunidade para uma faixa da base, aquela que compra alguns equipamentos, depois de comprar um produto de entrada. Mas certamente há outras oportunidades dentro da base total.

O conceito de jornada também pode ser aplicado para mercadorias que são consumíveis ou têm um ciclo de vida previsível (como produtos de beleza, alimentos, suplementos etc.). Nestes casos, o cliente recebe lembretes para reabastecimento antes de acabar o produto. Esse e-mail pode ser enviado automaticamente com base na média de tempo entre compras de uma mercadoria específica.

Se a loja tiver um programa de fidelidade, o cliente é informado sobre como ganhar pontos, recompensas ou benefícios adicionais ao fazer novas compras.

Tanto no caso da loja de PC Gamers quanto em uma de suplementos ou outros casos, a taxa de recompra através de e-mail é um indicador poderoso.

Mas existem outros que devem ser observados:

Taxa de abertura – é um dos mais comentados quando se trata de e-mail marketing. Refere-se à quantidade de pessoas que abriram o e-mail, que acharam relevante a ponto de merecer um clique de abertura. Esse indicador colabora para que você consiga saber o quão interessante é o assunto, se o seu e-mail é tido pelo destinatário como confiável. Recentemente, muitos estrategistas têm usado táticas que privilegiam essa abertura. Assuntos com títulos curiosos, que chamam a atenção, para que o usuário tenha, no mínimo, interesse em abrir. Tente deixar a taxa de abertura de e-mail acima de 20%. Você pode fazer no Looker Studio um gráfico-velocímetro para medir esse e outros indicadores.

Taxa de clique – é quando as pessoas clicam no link do e-mail que vai enviá-las para a página do produto ou serviço, um artigo, página de download etc. Tudo depende do que está sendo ofertado ao destinatário. Se o primeiro desafio de qualquer campanha de e-mail marketing é fazer o usuário abrir a mensagem, o segundo é fazer com que ele clique no link da peça. Uma taxa de clique em links de e-mail depende do que está sendo oferecido. Cupons de desconto e outras oportunidades podem ser mais clicados que peças de newsletter. Para calcular essa taxa, divida o número de e-mails enviados pelo número de cliques no link da mensagem.

Taxa de conversão – como comentei, a taxa de conversão de e-mail marketing para alguns negócios é muito boa, pois como algumas empresas já possuem uma relação com o cliente, não haverá o atrito inicial com a marca. Provavelmente, o consumidor já adquiriu produtos e serviços dela. Isso torna a experiência mais confortável. Esse é um indicador que pode variar através do estilo da campanha, mas o que eu noto é que, principalmente quando não há uma filtragem adequada da base[64] para a campanha, as conversões diminuem. Parece meio óbvio, mas diversos analistas ainda optam por mandar todas as comunicações para toda a base. Para saber a taxa de conversão de e-mails, divida a quantidade de e-mails enviados pelo número de conversões.

ROI ou ROAS – Retorno do Investimento, esse é um indicador que está presente em todas as fontes de tráfego, não difere aqui, no e-mail marketing.

Taxa de recompra por e-mail – pensando na estratégia de refil, é bom ter esse indicador para medir a capacidade de utilizar sua base para promover produtos e ter novas vendas.

A taxa de recompra, pode ser conhecida como taxa de retenção de clientes, é uma métrica relevante que indica a porcentagem de clientes que voltam a fazer uma compra após a aquisição inicial. Determine o período para o qual você deseja calcular a taxa de recompra. Pode ser mensal, trimestral, anual etc.

---

64 Ou seja, é necessário enviar a comunicação certa para a pessoa certa. Muitas vezes ocorre de eu receber comunicações de produtos que já comprei. Isso se torna um desperdício em vários âmbitos.

Para fazer o cálculo, basta definir o total de clientes que compraram na loja no período e o total de clientes que fizeram aquisições adicionais (mais de uma compra). Você divide o total de compradores adicionais pelo total de compradores, multiplicando por 100 no final, para ter a porcentagem.

Vamos usar o exemplo da Black Friday[65]. Você quer calcular a taxa de recompra desse mês tão importante para o e-commerce brasileiro.

Imagine que o site teve quinhentos compradores e, deste total, duzentos fizeram uma segunda compra dentro do mesmo período. Ou seja:

$$200 \div 500 = 0{,}4$$
$$0{,}4 \times 100 = 40$$

Ou seja, a taxa de recompra é de 40%.

Acompanhar esse indicador vai ajudar a entender o quanto a loja está aproveitando a sua base.

Esses são os indicadores que eu frequentemente observo sobre as taxas relacionadas ao próprio disparo do e-mail. Sophie, por exemplo, gosta de analisar ainda a taxa de cancelamento, e-mails devolvidos, crescimento da base, entre outros.

Sophie analisou uma recente campanha de e-mail para um monitor gamer e descobriu que a taxa de abertura foi de 25%, enquanto a taxa de cliques (CTR) atingiu 10%. A taxa de conversão foi de 3%, indicando uma queda entre cliques e conversões, o que a levou a sugerir a revisão da página de destino. Com uma taxa de e-mails devolvidos (não entregues) de 1% e uma taxa de cancelamento de assinatura de 0,5%, Sophie interpretou que a lista de e-mails tem uma boa qualidade. O crescimento da lista foi de 5% no último mês, e a taxa de engajamento mostrou que 2% dos destinatários

---

[65] A Black Friday no Brasil ocorre na última sexta-feira de novembro. É um dia em que lojas físicas e online oferecem descontos para impulsionar o consumo e dar início à temporada de compras de fim de ano.

responderam diretamente ao e-mail. A receita por e-mail enviado foi de R$ 2,00, e a taxa de e-mails marcados como spam foi de 0,2%. Sophie sugeriu ao seu colega que cuida do e-mail marketing que observem juntos outros números de campanhas, para que possam estudar juntos, com base nos números, possíveis melhorias!

Temos ainda as taxas relacionadas com as visitas geradas no site.

Essas você pode ver através do Google Analytics. Primeiro, é importante que você faça o tagueamento correto das suas campanhas de e-mail (mediante parâmetros de UTM), para que o GA consiga identificar a origem. A maioria das ferramentas de e-mail marketing já fazem isso, contudo, consulte sempre.

Caso não tenha, você pode utilizar o URL builder do Google[66], como mostrei no capítulo sobre **Análise de campanhas**. Imagine que, se o objetivo é mostrar ao GA dados da campanha para que ele possa posicionar adequadamente suas métricas dentro do seu sistema, de modo que fique mais fácil visualizar e classificar as informações, você pode, através da URL da campanha, mostrar esses dados ao GA.

Usando o Campaign URL Builder, a URL ficará assim:

https://www.dominio.com/produto?utm_source=newsletter&utm_medium=email&utm_campaign=campanha_exemplo

É possível encurtar a URL pelo próprio **Campaign URL Builder para que ela fique mais simples.**

Nessa URL de modelo, eu estou informando ao GA que se trata de uma newsletter, que devem ser agrupados seus dados no grupo de canal de e-mail e estou também informando o nome da campanha. Dessa forma, quando você entrar no Google Analytics, poderá saber quais usuários chegaram através de campanhas oriundas de e-mail marketing, inclusive suas conversões.

66 Disponível em:*https://ga-dev-tools.web.app/campaign-url-builder/*.

Quais as análises possíveis?

O ponto é mostrar para a equipe quais as melhores campanhas de e-mail e as respectivas jornadas. As que trouxeram maior resultado em vendas, principalmente.

Você pode mostrar isso através dos indicadores explanados anteriormente, mas, sobretudo, faça uma análise dos números e das peças.

Elabore pensamentos que combinem os indicadores com artefatos (imagens, botões, conteúdos, assunto) que compõem os e-mails da campanha. Por exemplo: se a taxa de abertura é alta, qual era o assunto da peça de e-mail? Lembre-se que esse é um dos primeiros trechos de informação visto pelo cliente.

Análises que considerem esse tipo de comparativo podem identificar aquilo que está fazendo com que os clientes abram o e-mail.

Observe também a receita oriunda de campanhas de e-mail. Em diversos projetos em que eu já trabalhei, notava atenção excessiva com mídias pagas e certa marginalização do e-mail marketing. É certo que não se trata somente de uma fonte de acessos, mas um bom mecanismo de relacionamento e vendas. Você pode trazer números do mercado, mostrando faturamento através de e-mail marketing, além do exemplo de campanhas que convençam sua equipe a melhorar os números dessa excelente ferramenta.

Por fim, lembre-se de que e-mails e jornadas compõem campanhas que podem ser temporárias ou permanentes. Sendo assim, considere elaborar *dashboards* para facilitar a visualização de dados, não somente dos indicadores de e-mail, mas de outras fontes, como de campanhas pagas, que podem compor toda a estratégia da campanha, complementando toda a jornada, afinal, há um caminho esperado dentro de toda a jornada que leva ao e-mail, então, olhar para um *dashboard* que represente esforço, resultado e jornada facilitará a visualização dos dados pelo usuário.

VISUALIZAÇÃO DE DADOS

Sophie notou uma coisa: a maioria dos analistas que trabalham com ela, nas diferentes áreas, visualizam os dados de forma diferente, sobretudo, alguns ficam somente no seu silo de dados. O analista de Google Ads se concentra só nos números dessa ferramenta, como: CTR, impressões, cliques, investimento, relacionados com as campanhas daquela ferramenta. Ao perguntar ao colega qual a participação de Google Ads na receita do e-commerce, o analista não soube responder. Ela notou que não havia um *dashboard* central, um painel que reunisse os números do e-commerce, onde, desde o analista de Ads, estagiários, executivos, gerentes e até ela mesma, pudessem avaliar os números da operação para ver suas respectivas participações e atingimento das metas. Para alguns, esses números são quase invisíveis.

O trabalho com dados exige muita perspicácia do analista na hora de estudar suas características e desvendar possíveis pistas que mostrem algo relativo a uma situação ou acontecimento.

Como comentei anteriormente, uma campanha pode unir diversos esforços, através de pessoas, equipes, investimentos, e canais importantes como e-mail, ads, social, entre outros. Entender e combinar os dados provenientes dessa campanha pode ser desafiador, por isso a preocupação com a visualização de dados é essencial e, nesse sentido, transformar esses pedaços de informação em gráficos pode facilitar muito!

Gráficos ajudam a tornar a análise mais agradável, contudo, a elaboração de gráficos e tabelas pode se tornar trabalhosa sem a ajuda de uma ferramenta para a visualização dos dados.

O que são essas ferramentas de visualização de dados?

São ferramentas OLAP (*Online Analytical Processing*) que facilitam a vida do usuário de dados e tornam a tarefa de verificação das informações mais simples e agradável. Também são conhecidas como Analytics and *Business Intelligence* (ABI), pois, segundo Gartner[67], permitem que usuários finais, sem experiência técnica, possam analisar dados de maneira eficiente.

Elas possuem algumas características:

- São **extremamente visuais**, possuem gráficos, tabelas, permitem a inserção de texto, figuras;

- Tem como base o **modelo de arrastar, colar e inserir**, o que facilita a manipulação de elementos;

- É possível se **conectar com as origens de dados**;

- Permitem o **compartilhamento** em vários formatos, além dos próprios relatórios e *dashboards* produzidos, geralmente, você consegue enviar dados por e-mail, PDF etc.;

- Há um **controle de acesso**, geralmente com níveis hierárquicos;

- O analista **economiza tempo**, pois muita coisa já está pronta; e

- Há uma **padronização de design** que pode ser seguida pelo analista.

A consultoria Gartner faz frequentemente uma pesquisa sobre as plataformas mais conhecidas do mercado[68]. Dentre as plataformas que geralmente aparecem na pesquisa, existem algumas que possuem ferramentas mundialmente conhecidas. No Brasil, pelo que tenho visto: Looker Studio, do Google; e Microsoft Power BI são muito utilizadas.

---

67 Disponível em: *https://tinyurl.com/26kc9uws*.

68 Disponível em: *https://www.gartner.com/en/documents/4247699?ref=null*. Confira a pesquisa, pois vale muito a pena.

O Looker Studio é a minha predileta. Trata-se do antigo Google Data Studio, ferramenta do Google projetada para ajudar a analisar dados oriundos de diversas origens, principalmente de seus produtos como Google Ads e YouTube, entre outros.

Por que gosto tanto desta ferramenta? Pela simplicidade. É fácil de usar, aprender, não tem complicação. Outro fato que ajuda muito é que como trabalho bastante com produtos Google, e a ligação entre eles é meio que "natural", acaba facilitando meu dia a dia.

O Power BI é uma excelente ferramenta. Conheço e já trabalhei com ela, principalmente quando se tratava de dados mais robustos. Ela é ótima para criar *dashboards* para visualização de dados e tem integração com Excel, SQL, Google Analytics, SAP, entre outras.

Vende-se como uma ferramenta segura, o que é importante nos dias de hoje.

Do que eu tenho visto no mercado, principalmente empresas que possuem toda a suíte Microsoft, a opção é pelo uso desta ferramenta.

Outra característica é que, quando a quantidade de dados é muito grande, alguns profissionais acabam optando pelo Power BI.

Existem outras ferramentas excelentes no mercado, como: Tableau, Metabase, Looqbox, Klipfolio, entre outras. Recomendo uma pesquisa mais aprofundada pelo leitor.

E o velho PowerPoint?

Os mais puristas devem estar "torcendo o bigode", mas ele foi e ainda é uma das ferramentas mais utilizadas para mostrar dados de modo a criar um *storytelling*[69].

O fato é que a melhor ferramenta é aquela que vai possibilitar a você mostrar o que é necessário para os seus clientes. Eu já usei e ainda uso recursos de geração de slides como apresentações Google, PowerPoint, entre outros que são mais visuais e dão certa liberdade de edição quando preciso. Principalmente, em apresentações para grande número de espectadores.

E se você usa, não há problema nenhum nisso. O que importa é como você está entregando as informações para seus clientes e se eles estão conseguindo entender.

Em vários dos relatórios que entrego, acabei passando para modelos automáticos no Looker Studio, para facilitar minha vida, pois, principalmente, aqueles diários e semanais podem ser agendados e enviados pela própria ferramenta ao cliente[70].

Em casos de estudos maiores, quando preciso fazer análises mais robustas, geralmente, eu uso meus modelos em R[71]. Se necessito montar uma apresentação com os dados obtidos, acabo passando imagens e capturas de tela para uma ferramenta de slides, em conjunto com anotações e conclusões pertinentes.

---

69 Diversos profissionais estão adotando o *storytelling* como meio de atrair a atenção para as suas apresentações e lições, de modo que a audiência possa fixar seu conhecimento. Trata-se de contar uma história para passar a mensagem. É uma técnica que envolve a criação de uma história que funciona como fundo para algum aprendizado relevante.

70 Lembro-me de uma empresa onde trabalhei há muito tempo, que não tinha tecnologia e conhecimento na implementação de relatórios. Na ocasião, eles tinham um analista responsável só por pegar os dados de mídia paga, manualmente, fazer alguns relatórios por e-mail, com base naqueles dados, e enviar um a um para cada cliente. Ferramentas de *dashboard*, como o Looker Studio possibilitaram a automação desse tipo de processo.

71 Linguagem de programação focada em estatística. Saiba mais sobre o R em: *https://diariodacienciadedados.com.br/livro-programacao-linguagem-r/*.

Quais modelos podem ser apresentados?

Ao utilizar essas ferramentas, você pode optar por alguns modelos de visualização:

- *Dashboards*: são ótimos para serem usados na apresentação de indicadores, principalmente aqueles que exigem exibição em tempo real. Você pode colocar todos os dados para a tomada de decisões em um só local;

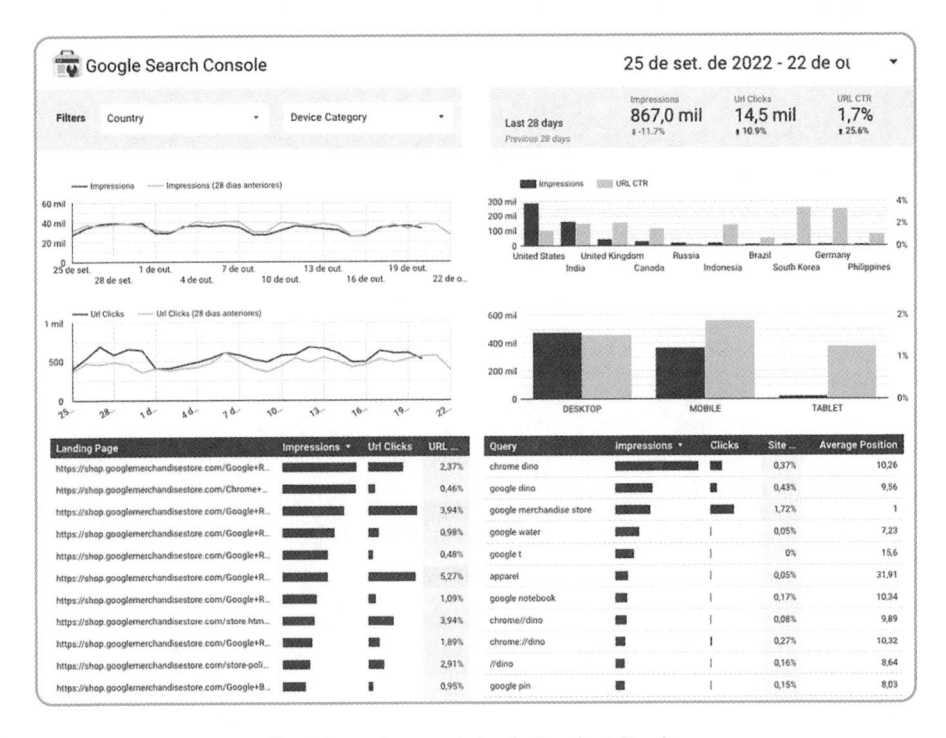

Dashboard – modelo do Looker Studio.

- *Scorecards*: muito semelhante ao conceito do BSC (*Balanced ScoreCard*[72]), um excelente modelo para mostrar KPIs (*Key Performance Indicator*). Você pode optar por ele quando estiver analisando indicadores de performance. É baseado em *cards* em que você pode colocar porcentagem, quantidades e um pequeno texto;

- Infográficos: com eles você pode aproveitar gráficos e desenhos para a criação de um relatório para o público geral. São bastante utilizados em sites de notícias, quadro de avisos etc.;

- *Storytelling*: contar histórias é a forma mais eficiente de passar informações ao público. Trata-se de um dos modelos que podem ser utilizados, atraindo a atenção do público, principalmente em apresentações. Perceba que não me refiro a uma romantização dos dados, mas que eles possam formar na cabeça do espectador uma linha temporal de início, meio e fim. Um ótimo livro para aprender sobre esse assunto é o *"Storytelling com dados: um guia sobre visualização de dados para profissionais de negócios"*, da Cole Nussbaumer Knaflic.

Por fim, busque o que é necessário para o que você precisa. Não há receita pronta para cada situação e muitas vezes a criatividade do analista pode ajudar a encontrar a solução esperada.

Não fique preso a uma ferramenta, lembre-se de que o resultado é o que importa.

A seguir, vou mostrar como é fácil utilizar uma ferramenta como o Looker Studio para visualizar dados oriundos do Google Analytics.

---

[72] Saiba mais sobre o BSC em: https://pt.wikipedia.org/wiki/Balanced_scorecard.

Looker Studio: fazendo seu primeiro *dashboard*

Siga os passos:

- Entre em: *https://lookerstudio.google.com/u/0/* com sua conta Google;

- No painel que se abrirá, você verá opções de criar um Relatório em branco ou Utilizar um dos modelos. Para este exemplo, escolha a opção Relatório em branco;

- Quando abrir o Relatório em branco, a primeira coisa que o Looker Studio vai pedir é para Adicionar dados ao relatório. Clique em Google Analytics;

- Escolha no painel do Google Analytics a conta que você vai utilizar (imagem a seguir);

- Clique no botão Adicionar.

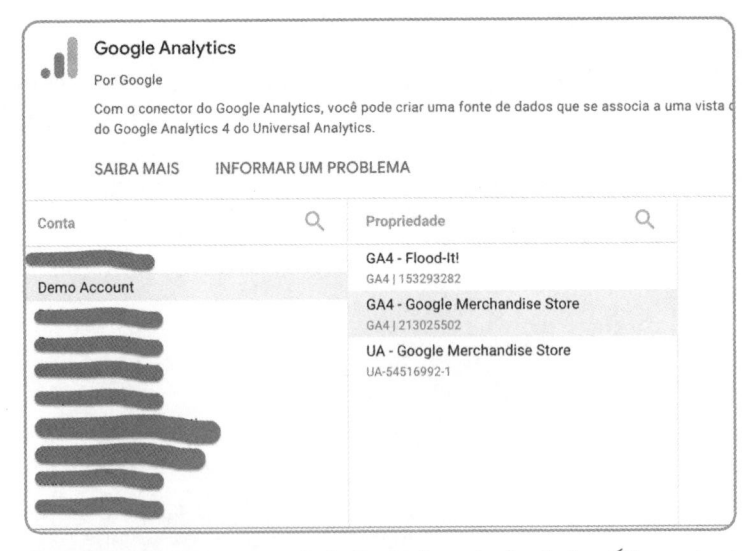

Google Analytics
Por Google

Com o conector do Google Analytics, você pode criar uma fonte de dados que se associa a uma vista do Google Analytics 4 do Universal Analytics.

SAIBA MAIS   INFORMAR UM PROBLEMA

Conta	Propriedade
Demo Account	GA4 - Flood-It! GA4 | 153293282
	GA4 - Google Merchandise Store GA4 | 213025502
	UA - Google Merchandise Store UA-54516992-1

Painel de escolha de propriedade do Google Analytics. É importante que você esteja usando a mesma conta para GA e Looker Studio.

Quando a fonte de dados for adicionada[73], ela vai aparecer ao lado, como na imagem seguinte.

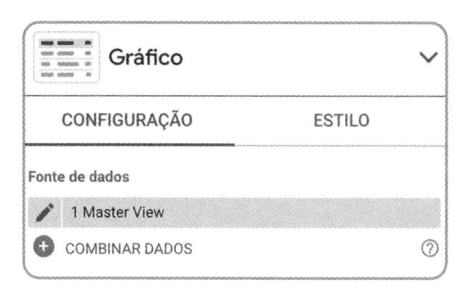

Painel de configuração.

Note que o próprio Looker Studio já faz a inserção de uma tabela na página do *dashboard*, com alguns dados da sua fonte.

	Nome do evento	Visualizações ▼
1.	page_view	285.741
2.	remove_from_cart	0
3.	view_search_results	0
4.	add_to_cart	0
5.	add_to_wishlist	0
6.	begin_checkout	0
7.	errors	0
8.	first_visit	0

Dados que o Looker Studio coloca para testar a conexão com a fonte de dados.

Através desses passos iniciais, já é possível colocar seus primeiros gráficos, considerando as informações necessárias.

---

73 Neste exemplo, utilizei uma conta de demonstração do Google Analytics 4, saiba mais em: https://support.google.com/analytics/answer/6367342?hl=pt-BR#zippy=%2Cneste-artigo.

Trabalhando com gráficos

O painel de configuração aparece sempre que você coloca algum elemento, como gráfico ou tabela, na página de projeto do seu *dashboard*. Ali, você pode determinar dimensões e métricas para o elemento escolhido. No caso de uma tabela com dados do Google Analytics, você pode selecionar a tabela inserida pelo próprio Looker e, no menu da direita, Configuração, selecione a dimensão[74] **Título da página** e, como métrica, **Total de usuários.** Assim, você saberá o número de usuários por página.

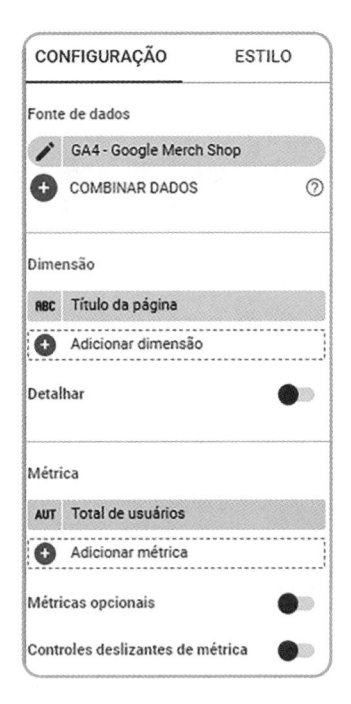

Note que em fonte de dados, temos a conta de demonstração, adicionada à dimensão e à métrica.

- -

[74] Dimensões são as características descritivas dos dados, como localização ou tipo de dispositivo, que permitem análise e segmentação. Métricas são os valores numéricos que quantificam os dados, como número de visitantes, sessões, vendas, usadas para medir e avaliar o desempenho.

	Título da página	Total de usuário...
1.	Home	42.375
2.	(not set)	34.830
3.	Men's / Unisex	Google Merch Shop	6.655
4.	Google Merch Shop	5.056
5.	New	Google Merch Shop	4.372
6.	Sale	Google Merch Shop	4.136
7.	Drinkware	Google Merch Shop	3.723
8.	Apparel	Google Merch Shop	3.535
9.	Bags	Google Merch Shop	3.218
10.	Fun and Games	Google Merch Shop	2.891

1 - 10 / 2662   < >

Tabela com as páginas do site e o total de usuários para cada uma delas, permitindo ao analista realizar suas análises.

Através do menu **Inserir**, você pode escolher novos gráficos para o seu projeto. Recomendo que o leitor teste outros gráficos e pratique, seguindo a lógica de configuração que eu expliquei anteriormente.

Experimente outras dimensões também! Caso você queira, pode mostrar as principais fontes de acesso para o seu site, como busca orgânica, paga, e-mail etc., usando um gráfico de colunas. Clique no menu Inserir e escolha como dimensão: **Grupo de canais padrão**, e como métrica: **Sessões**.

Controle de período

É possível escolher períodos de estudo para cada um dos gráficos ou para todos. Inclusive isso é muito útil, afinal, você pode querer analisar faixas de tempo específicas.

Se deseja usar um período fixo somente para um gráfico, basta selecionar ele, ir nas suas **configurações** no menu ao lado e em **período padrão**. Ali, você vai encontrar duas opções: **automático**, onde ele usa a faixa de tempo que o *dashboard* tem configurado; e **personalizado**: para configurar as datas de início e fim.

Você pode colocar um **controle de período** para todo o *dashboard*. Vá ao menu **inserir** e escolha **controle de período**. Posicione o recurso na área de desenvolvimento. Nele, você escolherá a faixa de tempo para todo o *dashboard*, afetando, assim, todos aqueles gráficos que foram configurados previamente com período automático. Os gráficos que foram configurados com **tempo personalizado** não mudarão seu ajuste inicial.

O Looker Studio é uma ferramenta com muitas possibilidades. A configuração de seus recursos e o trabalho com outros setups mais complexos é assunto para um livro inteiro. A ideia aqui é mostrar ao leitor o uso da ferramenta e como utilizá-la para as primeiras visualizações.

Com esses conhecimentos básicos, você conseguirá montar um *dashboard* simples e descobrir outras funcionalidades. Contudo, recomendo que o leitor procure conhecer melhor a ferramenta, suas possibilidades[75] e os recursos gráficos disponíveis para que você possa criar seu *storytelling*.

---

[75] Saiba mais através do *help center* da ferramenta em: https://tinyurl.com/2d3m2kxa.

Gráficos

Os números ajudam quando você precisa mostrar resultados. Através deles é possível visualizar a evolução de um projeto, campanha, processo, fornecendo argumentos para os resultados em qualquer área. É difícil encontrar algum setor que não utilize indicadores para tomada de decisão. Mostrá-los com variados tipos de gráficos é uma forma de facilitar a sua compreensão. Portanto, vou mostrar os mais populares e como usá-los de uma maneira eficiente.

Quais informações importam?

> *"O gráfico simples trouxe mais informações à mente dos analistas de dados do que qualquer outro dispositivo."*
>
> *John Tukey*

Muitas vezes percebo que as pessoas tentam preencher espaços nos seus relatórios. Entendo que design é importante, mas quando se trata de quantidade de informação, menos é mais.

Em seu livro "Indicadores de desempenho", Francischini (2017) explica ser interessante não começar perguntando quais indicadores mensurar, mas os objetivos da empresa. Se você precisa de um dado só para complementar o design com mais um gráfico, significa que você só está "enchendo linguiça" e tirando atenção do que realmente é necessário. O autor elenca limites de indicadores com base em alguns cargos: nove para diretoria; sete para gerentes; e cinco para operação.

Existe um gráfico adequado para cada tipo de informação?

Não de forma obrigatória, creio que alguns podem se encaixar melhor para alguns objetivos. Dados que envolvem séries temporais se adaptam melhor com linhas e colunas; o comparativo entre duas variáveis (por exemplo, usuários e novos usuários) pode ser entendido de forma fácil através de fatias de porcentagem (pizza/setor); dados que precisam ser analisados em conjunto podem estar em uma tabela. Muitas vezes utilizamos a experiência do usuário, como ele está acostumado a ler esses dados, na hora de escolher o recurso correto.

O importante é que sua apresentação envolva o usuário em uma história que vá evoluindo através de um elo.

Em seu livro "*Storytelling* com dados: Um guia sobre visualização de dados para profissionais de negócios", Cole Nussbaumer Knaflic comenta sobre alguns gráficos e recursos, úteis para criar uma história através das informações.

A autora esclarece que o analista precisa se concentrar em explicar a história dos dados apresentados (análise explanatória) e não mostrar os dados somente. A atenção e o tempo devem ser considerados em um contexto, para ser possível comunicar essa história com sucesso. Mostrar todas as suas informações ou ler elas em uma apresentação, não ajuda em nada.

Essa história pode ser estruturada em um acontecimento, problemas e suas soluções em uma reunião. A história que estou contando neste livro, da personagem Sophie, é um recurso de *storytelling* que estou utilizando para fixar algumas lições e conhecimentos na cabeça do leitor. Inclusive, note a sequência dramática de situação, problema e solução abaixo na história de Sophie:

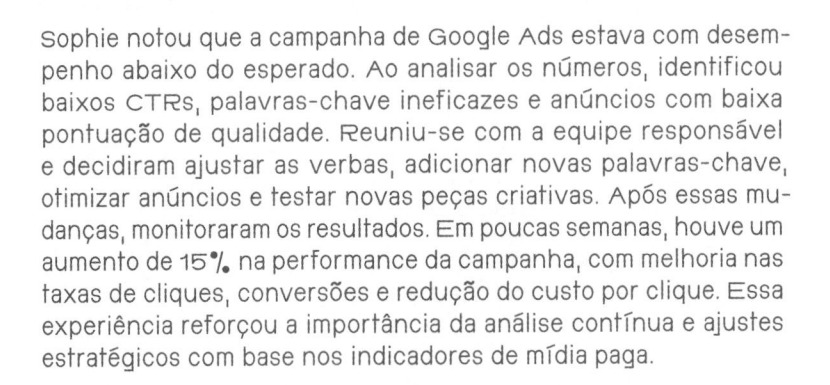

> Sophie notou que a campanha de Google Ads estava com desempenho abaixo do esperado. Ao analisar os números, identificou baixos CTRs, palavras-chave ineficazes e anúncios com baixa pontuação de qualidade. Reuniu-se com a equipe responsável e decidiram ajustar as verbas, adicionar novas palavras-chave, otimizar anúncios e testar novas peças criativas. Após essas mudanças, monitoraram os resultados. Em poucas semanas, houve um aumento de 15% na performance da campanha, com melhoria nas taxas de cliques, conversões e redução do custo por clique. Essa experiência reforçou a importância da análise contínua e ajustes estratégicos com base nos indicadores de mídia paga.

Aqui, estou usando o recurso de uma personagem para a explicação didática de conceitos. No dia a dia, o analista pode contar a história de sua análise, usando ele mesmo como personagem:

> *Eu notei que a campanha de Google Ads estava com desempenho abaixo do esperado. Ao analisar os números, identifiquei baixos CTRs, palavras-chave ineficazes e anúncios com baixa pontuação de qualidade. Reuni-me com a equipe responsável e mostrei os números. Decidimos que a equipe de mídia deveria ajustar as verbas, adicionar novas palavras-chave, otimizar anúncios e testar novas peças criativas. Após essas mudanças, monitoramos os resultados. Houve um aumento de 15%!*

Os gráficos podem entrar nessa história, pois são um excelente recurso para ajudar a ilustrar o acontecimento! A seguir, apresento aqueles que mais utilizo, em ferramentas como o Looker Studio, R e até em apresentações PPT.

Texto simples – não é um gráfico, mas quando você precisa mostrar só uma informação, é eficiente. Knaflic (2018) comenta que você pode utilizar um texto de apoio para complementar o dado. Como não tenho muito espaço nos relatórios, coloco uma métrica comparativa, logo abaixo.

Nos meus *dashboards* no Looker Studio, por exemplo, eu uso esse recurso para mostrar dados como ROI, investimento, receita e usuários, acumulados durante o mês, com um comparativo. Esse recurso se chama "visão geral", na ferramenta.

Usuários
6.868
↑ 90.7%

Total de usuários, com um comparativo percentual em relação ao mesmo período ano passado.

Gráfico de dispersão – é utilizado para mostrar a relação das coisas, principalmente quando existe a utilização de técnicas de ciência de dados. Contudo, eu gosto de mostrar através desse tipo de recurso a relação entre esforço e resultado.

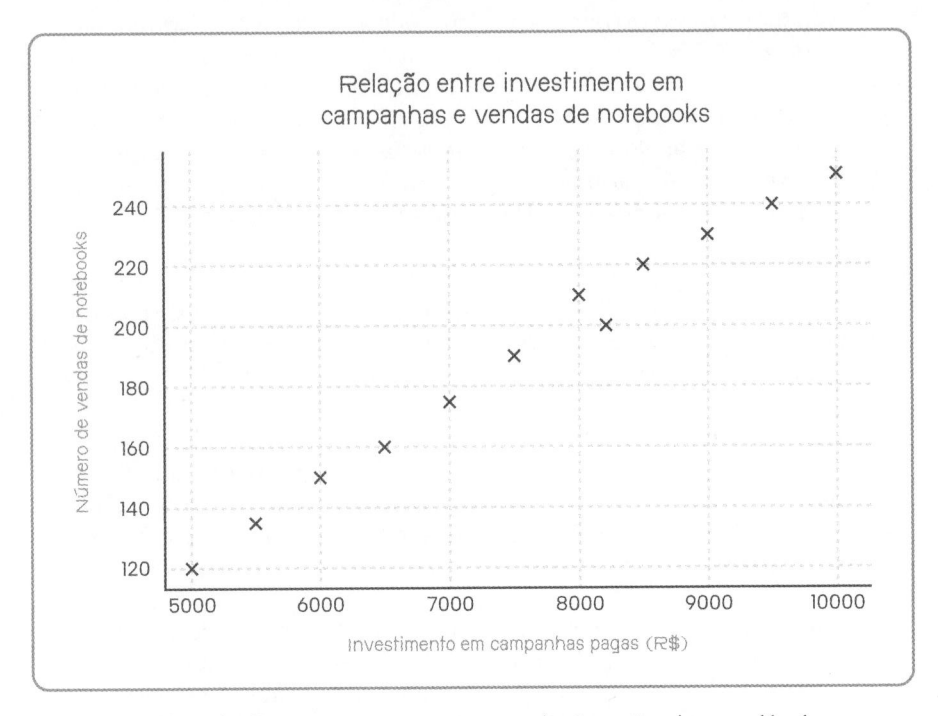

Gráfico de dispersão para mostrar a relação entre duas variáveis: número de vendas de notebooks x investimento em campanhas pagas. Quanto maior o investimento, maior o número de vendas.

Para comparativos como Visitas x Receita; Investimento x ROI, entre outras relações para marketing digital, é uma excelente ferramenta. Quando seu cliente pergunta: se aumentar o investimento minha receita aumentará? Se eu investir mais na campanha tal, o ROI aumentará? Para responder essas perguntas você pode utilizar um pouco do histórico da conta, a fim de entender essa relação, colocando os dados em um gráfico de dispersão.

Tabela — ótimo para realizar comparativos entre colunas de variáveis, pois o usuário tende a forçar a visão e ler os dados contidos na tabela.

> *"Ao usar uma tabela em uma apresentação ou relatório, pergunte-se: o que estou tentando dizer?"*
>
> *Knaflic (2018, p.51)*

Quando eu vou usar tabelas, tenho como objetivo uma análise de múltiplas variáveis para entender a relação entre elas, só que lendo os números e comparando uns aos outros. Por isso, gosto sempre de usar uma escala de cor. Assim, fica mais fácil de ler e entender.

Cidade	Usuários ▼	Novos usuários	Taxa de rejeição
Berlin	786	786	99,75%
Sao Paulo	583	568	82,49%
Porto Alegre	248	195	46,89%
Rio de Janeiro	235	230	84,77%
Belo Horizonte	112	108	79,34%
Curitiba	105	99	80,53%
Brasilia	85	84	88,89%
Recife	82	78	81%
Salvador	79	76	86%
Manaus	69	69	72,84%
Fortaleza	67	66	69,62%
Goiania	60	56	80%

1 - 100 / 853 < >

Tabela com dados sobre usuários e taxa de rejeição. Rapidamente, os olhos conseguem identificar os dados mais valorosos através do mapa de calor.

Linhas – bom para o comparativo de séries temporais. Gosto muito do gráfico de linha para realizar análises de séries mensais, como, em um ano, quanto um e-commerce faturou, bem como um comparativo com o ano anterior:

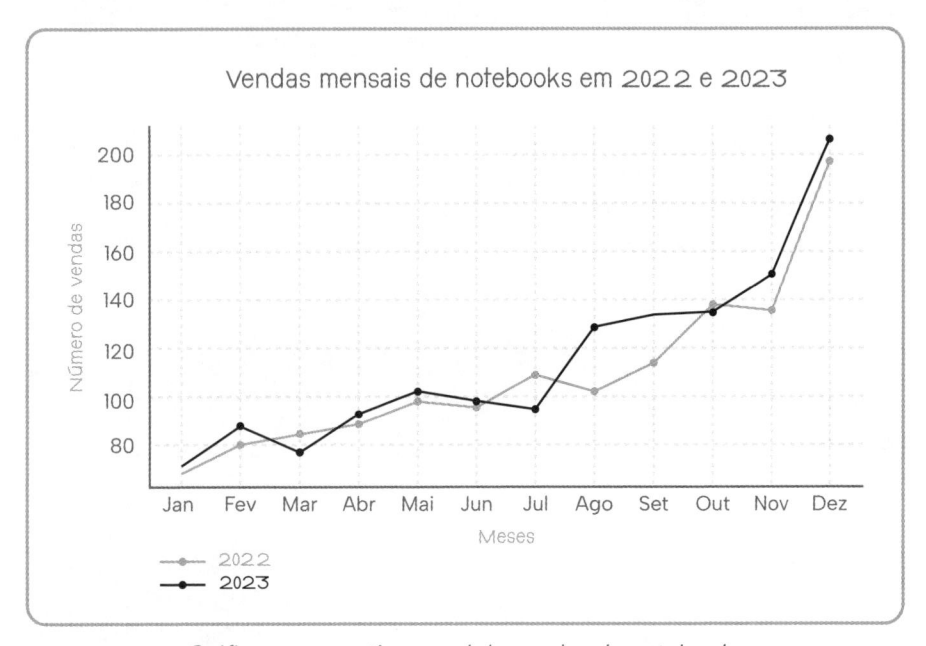

Gráfico comparativo anual de vendas de notebooks.

Gráficos de barras (colunas) – um dos que mais uso. Em seu livro, Knaflic (2018) comenta que se tornaram pouco usados por serem mais comuns, quando deveriam ser mais aproveitados exatamente por isso! Afinal, você utiliza a experiência do usuário. São ótimos para apresentar alguns tipos de séries temporais, comparativos e *share* entre variáveis.

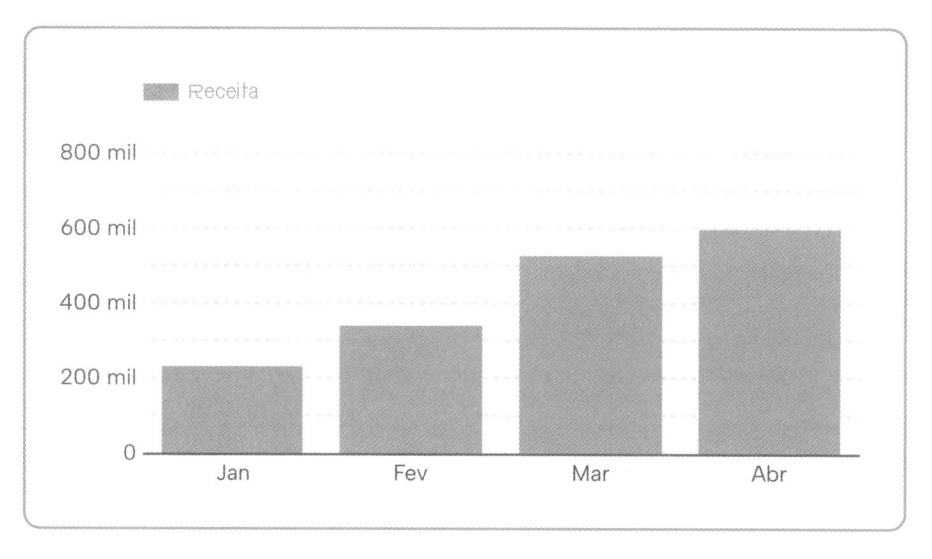

Gráfico de barras no Looker Studio mostrando o crescimento de receita em um e-commerce.

Barras verticais empilhadas — são usados, principalmente, quando você quer comparar algumas categorias. Em *dashboards* com pouco espaço, alguns analistas de *Business Intelligence* optam por utilizá-lo. É possível realizar diversas análises com um só gráfico, mas pode ficar difícil de ler. Eu, normalmente, sou pouco adepto dessa abordagem. Prefiro diminuir o número de informações e separar os gráficos analisados

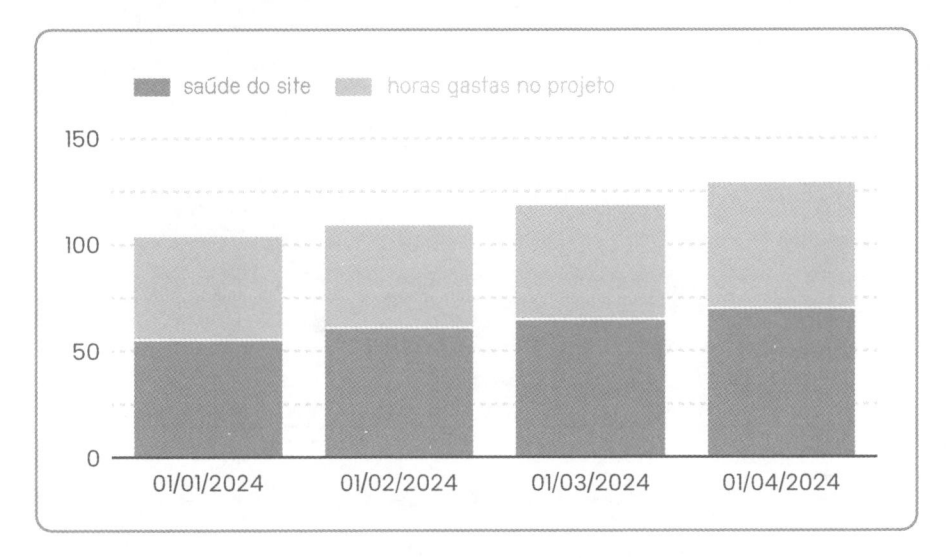

Colunas empilhadas para uma análise de saúde do site e horas gastas no projeto.

Mapa de árvore — ótimo para mostrar a concentração de algumas frequências em determinados contextos. Uma vez precisei fazer um relatório de um evento online com algumas salas de palestras acontecendo em simultâneo. Pensei que seria uma boa ideia mostrar aquelas com maior concentração de público através de um mapa de árvore.

No modelo a seguir, no Looker Studio, fiz um mapa para mostrar ao cliente quais as cidades mais influentes no tráfego de determinada *landing page*:

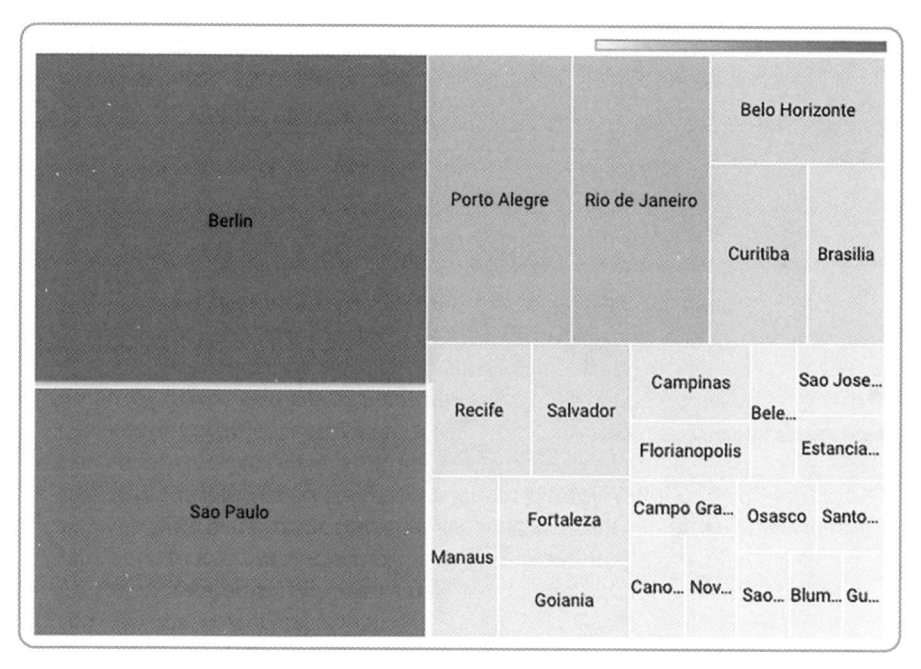

Gráfico de mapa de árvore para apresentar a representatividade de tráfego por cidades. Perceba que foi utilizado o recurso do calor.

Para localizações posso usar o gráfico de mapa (**Mapa geográfico**). Quando usá-lo, lembre-se de adicionar uma tabela próxima com detalhes referentes aos dados. Os mapas são geralmente usados em conjunto com outros recursos (SHARDA et al., 2019), pois a junção de ambos complementa a informação por parte de quem está lendo.

Mapa geográfico no Google Analytics. Ele possui uma escala, um recurso de calor, quanto mais forte a cor, maior o número de usuários daquele país. Multinacionais gostam de visualizar essa categoria de gráfico para entender o sucesso de sua operação nos países em que atuam.

No Looker Studio podemos mostrar esse tipo de gráfico como um mapa de calor também.

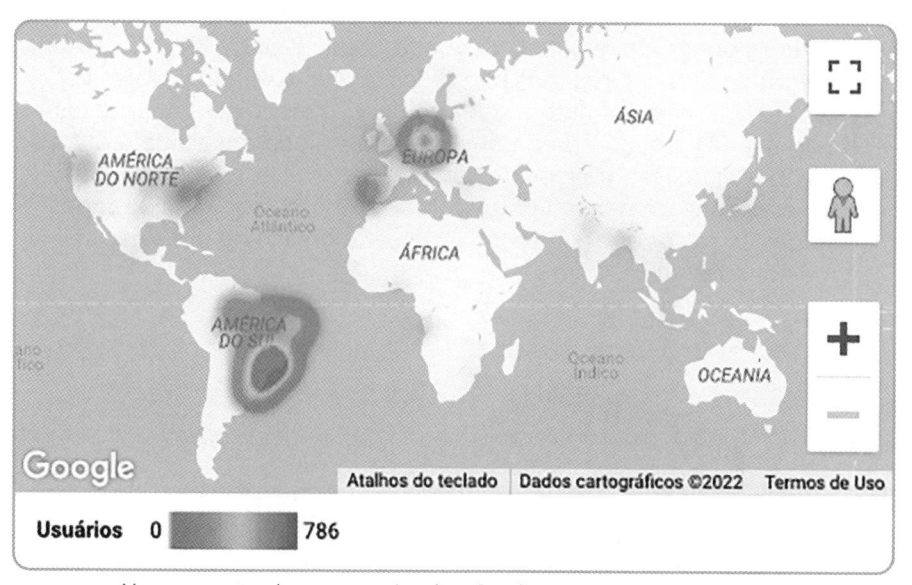

Nessa opção de mapa, o Looker Studio usa o recurso do calor, como naqueles mapas gerados em estudos de eye tracking.

Gráficos de pizza – são usados para mostrar de forma simples a porcentagem, o *share* (através de fatias). Para quem ler esse gráfico, será fácil entender as informações. Cabe dizer que alguns analistas não gostam do gráfico de pizza e não recomendam sua utilização. É fato que é preciso ter cuidado. Segundo Knaflic (2018, p. 73): *"Quando os segmentos têm tamanhos parecidos, é difícil (se não, impossível) dizer qual é o maior"*. A autora ainda comenta duas coisas importantes: 1) não use 3D, pois tende a confundir mais ainda a medida real da fatia; 2) prefira usar gráficos de barras. Sharda et al. (2019) concorda com essa linha de pensamento, pois se a quantidade de categorias exibidas for maior que quatro fatias, talvez o gráfico de pizza não seja a melhor alternativa.

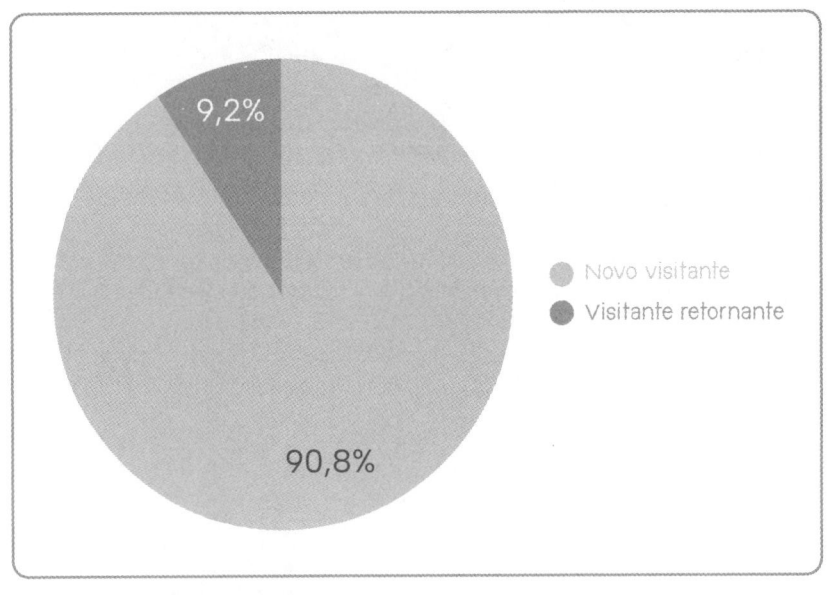

Gráfico de pizza no Looker Studio para mostrar a diferença entre visitantes retornantes e novos.

Na minha visão, se o leitor utilizar esse recurso tomando os devidos cuidados, e entender que pode ajudar o usuário a compreender a mensagem a ser passada, não há problema algum, afinal, é um recurso que está à disposição para que seja contada uma história.

Como elaborar bons relatórios?

1. Entenda primeiramente o que o cliente precisa saber, isso é fundamental. Muitas vezes, isso pode ser traduzido mediante frases simples: "Quero saber o retorno de receita oriundo da campanha X". Nessa linha, alguns indicadores como: receita total, receita ao longo do período (dias ou semanas), cliques, impressões devem ser considerados;

2. Como você precisa comunicar algo? Precisa comparar variáveis por meio de um gráfico de dispersão, para ver a relação entre elas? Precisa entender a sazonalidade da série temporal, através de um gráfico de linhas? Escolha o gráfico que te ajuda da maneira mais rápida e fácil a contar a história que você precisa;

3. Qual modelo de relatório você vai entregar? Uma página do Looker Studio ou um PDF? Pense em como o usuário direcionará os olhos e como você pode projetar o documento para existir uma história nos seus dados;

4. Menos é mais. Quanto mais informações e gráficos em sua apresentação, menos atenção para o que você quer. Não é necessário mostrar todos os números de sua análise, mas sim aqueles que evidenciam o propósito; e

5. Realize algumas revisões. Imagine-se contando o resumo de um filme. Em cada revisão você formará novos elos que vão ajudar quem está lendo a entender melhor a história que você conta. O analista pode utilizar a inteligência artificial para colaborar no trabalho, como veremos a seguir.

IA PARA ANÁLISE DE DADOS

Sophie adora a possibilidade de utilizar a IA para a análise de dados e incentiva seus colegas a fazerem o mesmo, estabelecendo um diálogo com a máquina para obter *insights*. Dispondo de ferramentas como a Niara, ChatGPT, entre outras, ela consegue prever picos de tráfego analisando dados históricos de visitas ao site, permitindo que a equipe se prepare melhor para eventos importantes e campanhas de marketing. Além disso, Sophie utiliza a IA para segmentar clientes de maneira mais precisa, examinando comportamento de navegação, compras e jornadas, resultando em campanhas mais personalizadas e eficientes. A IA inclusive auxilia na identificação de quais páginas e produtos têm melhores taxas de conversão, permitindo otimizações específicas no site para aumentar as vendas. Graças à utilização da IA, Sophie e sua equipe conseguem tomar decisões baseadas em dados com mais rapidez e precisão, otimizando o desempenho do e-commerce e melhorando a experiência do usuário.

Embora ainda existam muitas dúvidas em relação ao seu uso, a inteligência artificial surgiu como uma excelente ferramenta de trabalho para analistas de diversas áreas no mundo todo. Ela ajuda a agilizar os processos de estudo de dados, em alguns casos até prevendo resultados e dando ideias de como podemos direcionar ações e negócios.

Alguns profissionais utilizam essa ferramenta quase que 100% do tempo para elaborar seus estudos e interpretações de dados. No meu caso, gosto de utilizar a IA como apoio no trabalho, quando elaboro uma espécie de conversa com a ferramenta e, com isso, vou entregando alguns dados, pedindo algumas "opiniões", revisando informações. Ou seja, não fico dependente da tecnologia; uso ela para auxiliar o processo que eu já fazia.

Vou elaborando essa conversa, compartilhando informações, pensamentos e perguntas, como se estivesse debatendo com um colega e, assim, vou construindo minha interpretação. E acredite: isso está ajudando a tornar meus estudos mais eficientes.

Niara

Niara (niara.ai) é uma empresa brasileira dos executivos Lisane Andrade e Carlos Eduardo Mendes de Castro Alves. Eles resolveram empreender no ramo da inteligência artificial, lançando uma ferramenta que analistas de SEO pudessem utilizar com o intuito de facilitar o seu trabalho no dia a dia. A empresa utiliza técnicas de *prompt* engineering para preparar a IA de modo que a ferramenta possa ser utilizada, principalmente, por profissionais de SEO e marketing e, além disso, usa RAG (*Retrieval Augmented Generation*) para "alimentar" a IA com informações relevantes, especificamente, destinadas aos propósitos de quem vai utilizar a tecnologia para seus respectivos objetivos.

No meu caso, eu utilizo a Niara de diversas formas, entre elas: para o meu trabalho de SEO, quando a uso como apoio na geração de titles, descriptions, correção de HTML, revisão gramatical de textos; e **também para análise de dados. Sim, eu uso muito esse tipo de tecnologia para análise de dados!**

Analisando posts de blog

Para este ensaio, vou utilizar os posts do meu blog (*diariodacienciadedados.com.br*), que ainda funciona como um laboratório de SEO e estudo de dados para minhas pesquisas.

Ao entrar na Niara, acesso imediatamente o ChatSEO. Essa interface é bem similar ao ChatGPT e simples de utilizar. Você pode formular qualquer pergunta para a ferramenta. Então o que eu faço?

1. Começo a preparar a ferramenta com informações que serão úteis para o bate-papo que vou construir com a IA:

    Erick: *Olá, Niara! Vou colocar várias informações aqui, e depois vou pedir ajuda com algumas perguntas, ok? Primeiro passarei os dados de artigos que escrevi, com suas respectivas métricas de visualizações, usuários, etc. ok? Depois passo a característica, o perfil do público do blog.*

Niara: *Claro! Basta você compartilhar os dados e eu farei o meu melhor para interpretá-los e ajudá-lo com quaisquer análises ou recomendações de SEO e marketing digital baseadas nesses dados.*

2. As informações de dados que eu vou passar para a IA são oriundas do Google Analytics(GA4), do menu: Relatórios > Ciclo de vida > Engajamento > **Páginas e telas**. A tabela que aparece abaixo no GA4 é o que me interessa! Trata-se de uma matriz, com os respectivos posts do blog e colunas com dados de visualização, usuários, engajamentos, entre outros. Configuro o meu período de análise para um ano e exporto o relatório para CSV (canto superior direito em compartilhar).

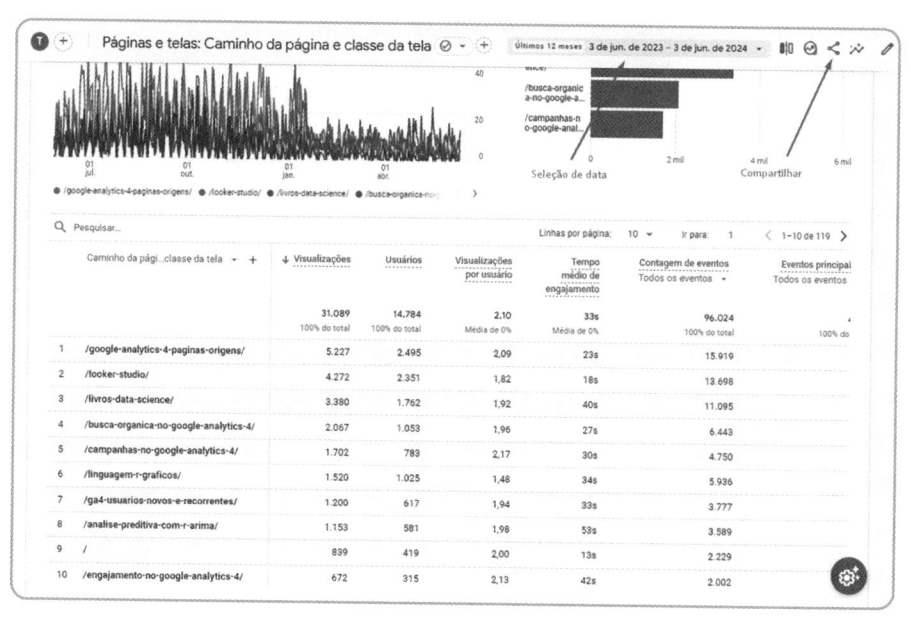

#	Caminho da pági...classe da tela	Visualizações	Usuários	Visualizações por usuário	Tempo médio de engajamento	Contagem de eventos Todos os eventos	Eventos principal Todos os eventos
		31.089 100% do total	14.784 100% do total	2,10 Média de 0%	33s Média de 0%	96.024 100% do total	100% do
1	/google-analytics-4-paginas-origens/	5.227	2.495	2,09	23s	15.919	
2	/looker-studio/	4.272	2.351	1,82	18s	13.698	
3	/livros-data-science/	3.380	1.762	1,92	40s	11.095	
4	/busca-organica-no-google-analytics-4/	2.067	1.053	1,96	27s	6.443	
5	/campanhas-no-google-analytics-4/	1.702	783	2,17	30s	4.750	
6	/linguagem-r-graficos/	1.520	1.025	1,48	34s	5.936	
7	/ga4-usuarios-novos-e-recorrentes/	1.200	617	1,94	33s	3.777	
8	/analise-preditiva-com-r-arima/	1.153	581	1,98	53s	3.589	
9	/	839	419	2,00	13s	2.229	
10	/engajamento-no-google-analytics-4/	672	315	2,13	42s	2.002	

Na imagem, a tabela que servirá como fonte de dados e os locais de seleção de data e compartilhamento.

3. Em seguida, basta abrir o CSV em um TXT e copiar essas informações para a Niara. Vejam o que ela me respondeu:

> Com base nos dados fornecidos, aqui estão algumas análises e insights que podemos extrair:
>
> 1. **Posts Mais Populares:** Os artigos 'Google Analytics 4: páginas e origens de tráfego.' e 'Looker Studio: 7 ideias para visualização de dados' são os mais populares em termos de visualizações e número de usuários.
> 2. **Engajamento do Usuário:** O artigo 'Análise Preditiva para séries temporais utilizando o R.' tem o maior tempo médio de engajamento, sugerindo que os usuários estão encontrando este conteúdo particularmente útil ou interessante.
> 3. **Receita:** O artigo 'Google Analytics 4: páginas e origens de tráfego.' gerou a maior receita total.
> 4. **Visualizações por Usuário:** Em média, cada usuário visualiza entre 1-3 páginas. Este é um bom indicador de que os usuários estão engajados com o conteúdo e estão navegando pelo blog.
> 5. **Eventos Principais:** Não há eventos principais registrados, o que pode indicar que não há call to actions (CTAs) eficazes nas páginas ou que os usuários não estão interagindo com eles.
>
> Com base nesses insights, algumas recomendações de SEO e marketing digital podem incluir:
>
> - **Aumentar a presença de CTAs:** Para aumentar o número de eventos principais, considere adicionar mais CTAs nas páginas do blog. Isso pode aumentar a interação do usuário e, potencialmente, a receita.
> - **Otimizar Conteúdo Populares:** Os artigos mais populares podem ser otimizados ainda mais para melhorar seu desempenho. Isso pode incluir a adição de palavras-chave relevantes, a atualização do conteúdo para mantê-lo atual e relevante, e a promoção desses artigos nas redes sociais e outros canais de marketing.
> - **Focar em Tópicos de Alto Engajamento:** O artigo 'Análise Preditiva para séries temporais utilizando o R.' tem um alto tempo médio de engajamento. Isso sugere que este tópico é de alto interesse para os usuários. Considere escrever mais artigos sobre este tópico ou tópicos relacionados para aumentar o engajamento do usuário.
> - **Melhorar a Navegação no Site:** Como cada usuário visualiza entre 1-3 páginas, tornar mais fácil para os usuários encontrar e navegar para conteúdo relevante pode aumentar o número de páginas visualizadas por usuário. Isso pode ser alcançado através de uma melhor estrutura do site, links internos eficazes e uma barra de pesquisa fácil de usar.

Interpretação da ferramenta, perante os dados apresentados.

Note que a Niara interpretou os dados para mim, e, além disso, deu algumas dicas de como eu posso melhorar a navegação e otimizar conteúdos populares, dentre outros. Mas a conversa não acaba aí, uma vez que posso combinar os dados com a análise de público.

Identificando meu público

A ferramenta tem um recurso muito bacana que é o **Entenda a sua audiência** (dentro de **Tarefas**). Aqui, você pode colocar o Produto ou Serviço no respectivo campo, e então a Niara vai fornecer uma descrição do público-alvo. Note, na imagem a seguir, as características do público que a inteligência artificial fez para um blog sobre análise de dados, caso que estou utilizando para este ensaio:

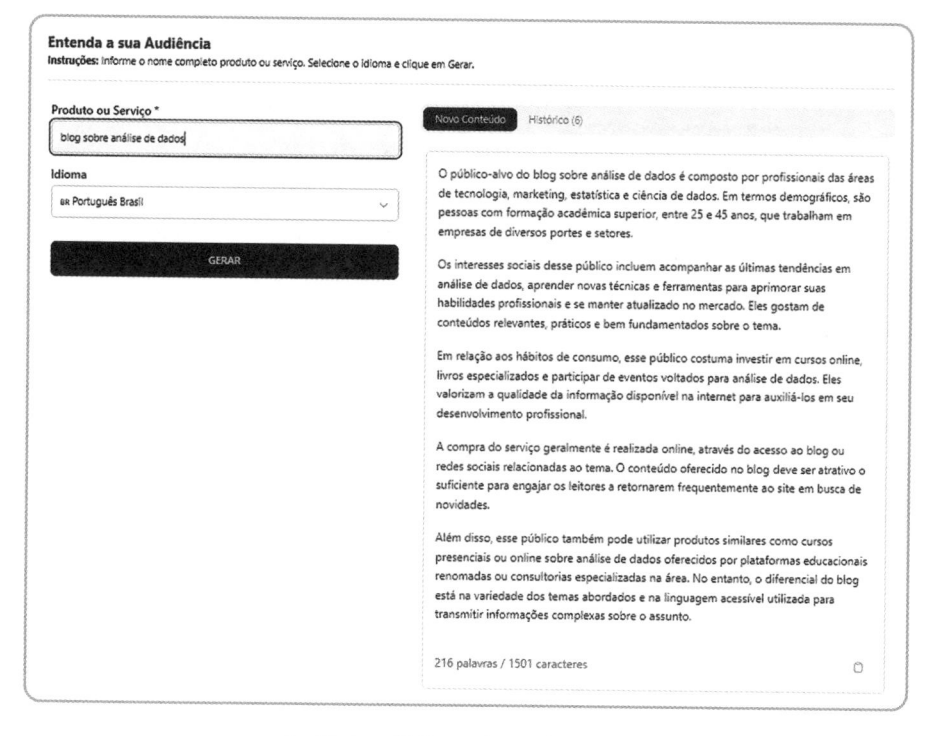

Perfil do público-alvo selecionado.

Copie essa descrição de público, volte para o ChatSEO e procure o *prompt* em que você estava trabalhando, pois agora é hora de combinar as informações.

Erick: *Eu quero que você combine os dados com o meu perfil de público e me dê ideia de posts para o blog.*

Com base no perfil do seu público e no desempenho anterior do seu blog, aqui estão algumas ideias de postagens que podem gerar muitas visitas e engajamentos:

1. **Análise de Dados com Python:** Considerando a popularidade da linguagem Python na ciência de dados, um post detalhado sobre como usar Python para análise de dados pode atrair muitos visitantes. Você pode incluir exemplos práticos e códigos.

2. **As melhores ferramentas para visualização de dados:** Seus leitores estão interessados em aprender novas ferramentas. Um post comparando diferentes ferramentas de visualização de dados com exemplos de como usá-las pode ser muito apreciado.

3. **Curso básico de Google Analytics:** Suas estatísticas mostram que posts sobre Google Analytics são populares. Um post introdutório sobre como usar o Google Analytics pode atrair muitos leitores.

4. **Tendências atuais em Análise de Dados:** Mantenha seus leitores atualizados sobre as últimas tendências em análise de dados. Este post pode incluir coisas como aprendizado de máquina, inteligência artificial, big data, etc.

5. **Como iniciar uma carreira em Ciência de Dados:** Um guia abrangente sobre como entrar no campo da ciência de dados pode ser útil para seus leitores. Você pode incluir informações sobre os melhores cursos, livros, certificações, etc.

6. **Entrevistas com profissionais de destaque na área de análise de dados:** Entrevistas com profissionais experientes podem fornecer insights valiosos para seus leitores. Essas entrevistas também podem ajudar a aumentar o engajamento, pois os entrevistados provavelmente compartilharão o post com seus próprios seguidores.

Lembre-se de que a chave para o sucesso do blog é a consistência e a qualidade do conteúdo. Espero que essas ideias ajudem a inspirar seus próximos posts!

Resposta da IA sobre temas que devo abordar.

Mas eu posso pedir para ela ser mais específica, fornecendo exemplos de títulos, e ela fez isso brilhantemente (inclusive, seguirei essas ideias, tks Niara!).

> Claro! Aqui estão alguns exemplos de títulos com base no perfil do seu público:
>
> 1. "Aprimorando suas habilidades de análise de dados com Python: Um guia passo a passo"
> 2. "O que há de novo em análise de dados? As principais tendências para 2022"
> 3. "Como escolher a ferramenta certa para visualização de dados: Uma comparação detalhada"
> 4. "Construindo sua carreira em Ciência de Dados: O que você precisa saber"
> 5. "Investindo em seu desenvolvimento profissional: Os melhores cursos online de análise de dados"
> 6. "10 livros indispensáveis para qualquer analista de dados"
> 7. "Aprenda Google Analytics com nosso curso básico"
> 8. "Aprofundando-se no Google Analytics: Como analisar a busca orgânica"
> 9. "Maximizando o potencial do Looker Studio para visualização de dados"
> 10. "Entrevista com [Nome]: Um profissional de destaque na área de análise de dados"
>
> Cada um desses títulos é projetado para atrair o interesse do seu público-alvo, oferecendo informações práticas e relevantes que os ajudarão a aprimorar suas habilidades de análise de dados.

Títulos que podem ser utilizados para os próximos posts.

Você pode pedir também uma estimativa para a ferramenta. Ela vai relutar em passar uma previsão, mas você pode insistir.

> **Niara**: *Para uma estimativa geral, considere um aumento entre 10% e 30% no tráfego do blog, dependendo do sucesso das estratégias implementadas. Este intervalo é baseado em exemplos comuns de crescimento observados por blogs que utilizam estratégias de conteúdo eficazes, combinadas com marketing digital e engajamento com a comunidade.*

Eu administro um e-commerce, como posso fazer?

Você pode seguir a mesma lógica dos caminhos apresentados anteriormente. Pegue os dados dos produtos mais vendidos e coloque na inteligência artificial. Faça uma combinação do público com os dados e mais algumas informações que você tiver. Lembre-se de que os dados não precisam ser necessariamente oriundos do GA4.

Em outra oportunidade, eu fiz a mesma análise com dados oriundos da plataforma do e-commerce, inclusive com os dados de quebra de vendas, ou seja, aqueles em que as vendas foram canceladas por fraudes e problemas no cartão, entre outras. A ferramenta me forneceu ideias valiosas, que tanto eu como o cliente pudemos usar para diminuir a quebra de vendas, bem como melhorar outros aspectos.

Imagine no caso de Sophie: ela pode pegar os dados de sessões em um e-commerce, de uma série histórica de três anos, e pedir para a IA prever, baseada no crescimento de sessões, o número de visitas para os próximos meses na loja de PC Gamer.

Análise de séries temporais

Você pode estudar dados de séries temporais. São aquelas séries que se concentram em pontos de dados registrados ou observados ao longo do tempo. Cada ponto em uma série temporal está associado a um período ou momento específico, permitindo analisar tendências, padrões e variações ao longo do tempo.

Algo que faço é pegar um período e pedir para a IA analisar para mim.

A seguir, uma análise que fiz usando o ChatGPT (*https://openai.com/*). Coloquei basicamente o número de usuários do meu blog e pedi para a ferramenta realizar um estudo. Primeiramente, ela fez um gráfico e depois comentou algumas de suas percepções.

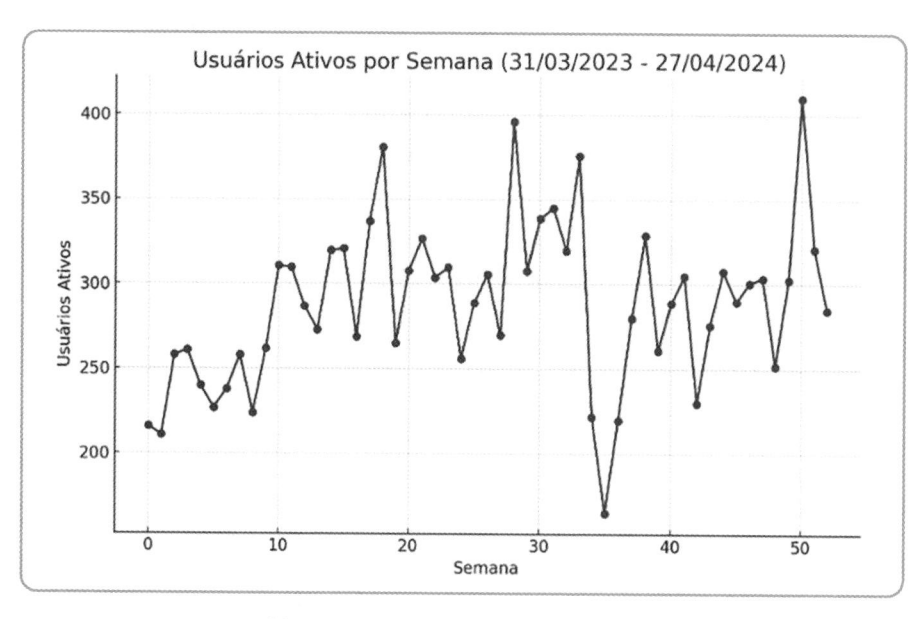

Série temporal gerada pelo ChatGPT.

Percepções da IA:

O gráfico sugere algumas flutuações ao longo do tempo, com períodos de alta e baixa atividade. Se quiser analisar tendências ou padrões específicos, podemos olhar para alguns pontos-chave:

- *Tendências gerais: Há um aumento na atividade em algumas semanas, especialmente entre as semanas 20 e 30, com um pico em torno da semana 29. Depois, há uma variação, com uma queda notável entre as semanas 32 e 33.*

- *Anomalias: O menor valor está entre as semanas 32 e 33, enquanto o maior valor ocorre na semana 40. É interessante notar se esses valores coincidem com eventos específicos ou mudanças no seu blog.*

- *Padrões sazonais: Há alguma sazonalidade no número de usuários ativos? Por exemplo, períodos com maior ou menor atividade que poderiam estar associados a feriados, eventos ou outras influências externas.*

Não é uma análise complexa, mas o interessante aqui é a conversa que posso estabelecer com a máquina. Além disso, no final dessa resposta, a IA me deu inclusive o algoritmo em Python utilizado para analisar a série temporal![76] Uma funcionalidade interessante da ferramenta.

Quando isso aconteceu, tive uma ideia: pedir para a IA aplicar uma análise preditiva na série. Escolhi o algoritmo ARIMA[77] (meu predileto) e solicitei que a IA me passasse a previsão:

Aqui estão as previsões para as próximas doze semanas usando o modelo ARIMA com os dados de usuários ativos por semana que você compartilhou:

1. *Semana 1: 314.67*
2. *Semana 2: 312.02*
3. *Semana 3: 338.11*
4. *Semana 4: 324.01*
5. *Semana 5: 303.43*
6. *Semana 6: 320.31*
7. *Semana 7: 319.45*
8. *Semana 8: 320.12*
9. *Semana 9: 321.87*
10. *Semana 10: 313.93*
11. *Semana 11: 318.34*
12. *Semana 12: 320.43*

Esses valores representam as previsões de usuários ativos para as próximas doze semanas. Eles sugerem flutuações, mas com uma tendência geral de estabilização entre 310 e 330 usuários ativos.

Note que a ferramenta mostra os dados por semana, mas o leitor pode pedir que a ferramenta exiba os dados em um gráfico, o que ficará mais fácil para interpretar e até enviar ao seu cliente.

76　Caso o leitor tenha conhecimento de programação, pode utilizar esse algoritmo para realizar customizações do respectivo estudo, usando a devida linguagem de programação.

77　O algoritmo ARIMA significa AutoRegressive Integrated Moving Average, e é uma técnica de modelagem estatística utilizada para análise e previsão de séries temporais.

Neste ensaio, eu fiz uma previsão com dados de usuários, mas o leitor pode utilizar dados de transação, receita, dentre outros.

É uma boa ideia também você utilizar períodos maiores, de três ou quatro anos, e incluir esses dados divididos por ano e mês na ferramenta, assim é possível ter um resultado mais confiável. Quanto mais detalhes, mais organização e mais informações forem enviadas para a IA, maior será a confiabilidade dos resultados.

Conclusão sobre IA para análise de dados

A IA, por si só, não vai realizar o seu trabalho completo da forma que ele deve ser feito, pelo menos, por enquanto. Sendo assim, você deve utilizá-la como uma ferramenta de apoio, que ajudará a interpretar melhor os dados e a obter *insights* poderosos.

O ponto principal aqui, na minha opinião, é você ter a ideia de conversar, debater com a IA. Seja na Niara, no ChatGPT, ou em qualquer outra ferramenta de inteligência que utilizar, organizar os dados, enviar dados confiáveis para a IA, fará toda a diferença; mas começar a alimentar o *prompt* com dados e informações poderá ajudar mais ainda!

Ponha em prática com a IA suas habilidades técnicas (com os dados e informações que tem em mãos) e exerça suas habilidades de liderança para fazer com que a organização tome o rumo necessário, a fim de atingir as metas programadas.

HABILIDADES NECESSÁRIAS PARA ANALISTAS DE WEB ANALYTICS

Sophie tem certeza das suas habilidades técnicas, mas ela nota que suas competências de liderança estão sendo colocadas à prova, afinal, entrar em uma nova empresa, trazer novos conceitos e implantar uma nova cultura não é algo simples. Mas aos poucos ela sente que as pessoas estão se abrindo para suas ideias e quanto mais ela procura se aproximar das demais áreas da empresa, mais sucesso tem nos seus objetivos.

Nesses tempos de alta, quando se trata de vagas nas áreas de dados, existem alguns hard e soft skills que são bastante procurados por recrutadores em algumas sessões de entrevistas. Eu já tive a oportunidade de entrevistar diversos candidatos a vagas de dados e inclusive de trabalhar com gente muito, mas muito qualificada!

Soft skills são aquelas habilidades interpessoais, não técnicas, que incluem comunicação, liderança, organização, empatia, trabalho em equipe, flexibilidade, inteligência emocional e outros aspectos respeitáveis para a convivência e atividades em grupo no ambiente corporativo.

Hard skills já se referem a habilidades técnicas, que envolvem, no caso do analista de dados, conhecimento em estatística, modelo de análises e o domínio de algumas ferramentas fundamentais.

Os recrutadores se voltam para esses aspectos para conhecer o candidato.

Eu, particularmente, dentro de algumas entrevistas que faço com candidatos que querem trabalhar na minha equipe, procuro algumas características importantes que acabam se somando às habilidades mais procuradas, como de fazer as perguntas corretas.

O analista precisa ter a habilidade de perguntar o porquê. Ele precisa ser curioso como um policial. A habilidade de questionar, investigar e se aprofundar em suas análises é crucial, e eu vejo que é uma das coisas que fazem o profissional evoluir em suas apurações.

É louvável em uma investigação fazer as perguntas corretas para ter respostas que ajudem a interpretar os fatos ocorridos, bem como prover as soluções necessárias. Abaixo, um caso hipotético, só para um ensaio:

- Um site de e-commerce vende mais sapatos em determinada região do Brasil, por quê? Pois naquela região existem mais pessoas que precisam usar sapatos;

- Por que essas pessoas precisam usar sapatos? Pois naquela região existem prédios públicos do governo;

- Por que é necessário que essas pessoas usem sapatos para ir trabalhar em prédios do governo? Pois elas acabam tendo que adotar um *dress code* mais formal, com roupas adequadas para aquela ocasião, como ternos, blazers etc., a fim de receber autoridades e executar o trabalho público;

- Quais são as cores mais vendidas? Tanto para homem quanto para mulheres, sapatos pretos e marrons;

- Qual é a média de tempo entre uma compra e outra? De seis a oito meses;

- Por que esse tempo médio? Pois essas pessoas usam sapatos para ir trabalhar todos os dias.

Esse é um caso extremamente hipotético, somente para mostrar um pouco a lógica de pensamento e investigação. Certamente, outras perguntas caberiam aqui, mas é possível para o leitor começar a fazer interpretações e entender os números perante a sua análise.

Entendimento do contexto de análise é outra soft skill fundamental. Isso é o que falo constantemente sobre sair detrás das máquinas. Olhar para os números sem entender o contexto da análise realizada é o caminho para cometer erros e tomar decisões que levarão por outro caminho não desejado. É como seguir uma viagem e tomar o rumo errado, que resultará em uma distância maior para chegar ao objetivo alcançado.

Os números por si só não dizem muita coisa quando são isolados. Por mais que você tenha algoritmos que mostrem previsões, interpretações etc., o contexto é importante. É necessário que seja realizada uma limpeza e organização dos dados para, posteriormente, analisá-los em conjunto e contextualizá-los.

A análise de origens de tráfego é um exemplo que aprecio apresentar. Certa ocasião, anos atrás, um colega afirmou a um cliente que a busca orgânica havia caído, ao olhar um gráfico-pizza que mostrava que a porcentagem de tráfego oriundo de busca paga (links patrocinados, Ads) tinha a maior fatia. O que aconteceu era que um mês antes, e por muito tempo, a busca orgânica, naquele comparativo gráfico, tinha mais de 50% do tráfego, mas, naquela análise, a busca patrocinada tomara conta da maior parte do gráfico. Contudo, contextualizando a situação, percebi que, na verdade, não significava queda de acessos oriundos de busca orgânica. Tratava-se apenas de um investimento maior em Google Ads, que acabou resultando em um aumento de quota desta fonte, o que fez a porcentagem de visitas aumentar naquela origem no gráfico.

Posso dar o exemplo de vendas em um e-commerce que aumentavam mais no período do verão. Analisando os dados de um cliente, percebi que suas vendas cresciam consideravelmente em novembro, dezembro e janeiro. Constatei que essas vendas se concentravam principalmente em algumas cidades. Ao verificar notícias relacionadas ao verão nessas cidades, notei que algumas delas tinham temperaturas muito altas nos meses que relatei. Você consegue adivinhar qual era o produto que aumentava a venda do e-commerce?

Entendimento de projetos e soluções de problemas

Trata-se de uma linha de pensamento parecida com a de um gerente de projetos. Esses profissionais são especialistas em dividir grandes problemas em partes menores, administráveis, de modo que possam ser visualizadas e resolvidas através de um trabalho e caminhos lógicos e se perceba a evolução da resolução passo a passo, até chegar na meta desejada.

Ou seja, o que é desejado aqui é que o analista tenha esse talento de poder olhar o problema na totalidade e ainda através de pedaços.

A forma como será organizada a informação é outra habilidade importante. Esse é um talento que deve ser desenvolvido pelo analista. Em muitos casos nos vemos envoltos em diversas origens de dados, com formatos e padrões diferentes uns dos outros. Ter um mindset de resolução lógica desse tipo de problema é básico.

O analista precisa ter talento e habilidade de categorizar ações, envolver pessoas, tecnologias e outros recursos.

Ferramentas

Geralmente, para a maioria das vagas que você vai encontrar no mercado há o requisito de domínio de algumas ferramentas. O que percebo é que em vagas de *Business Intelligence* é comum a exigência de softwares, como: Power BI, Looker Studio, R, planilhas eletrônicas, SQL, entre outras ferramentas relevantes (o Google Analytics 4 em vagas relacionadas com Web Analytics).

Às vezes, pode parecer assustador a quantidade de requisitos que algumas empresas pedem, mas procure se especializar naqueles que você entende que possam ser mais úteis para o dia a dia do mercado em que atua. Creio que se especializar muito em uma ferramenta e suas complementares, além de evoluir em suas habilidades, você terá boas oportunidades no mercado.

Além disso, procure se manter atualizado e estudando sempre. Como a área é bastante dinâmica, manter-se por dentro das novidades fará a diferença na sua carreira.

COMO SE MANTER ATUALIZADO

Nos últimos anos, as tecnologias da informação e comunicação evoluíram muito, facilitando o acesso aos dados e informações necessárias para que analistas de dados pudessem realizar seus estudos e, assim, colaborar na tomada de decisões.

Além disso, não são só analistas de dados que utilizam os dados para tomar decisões. Você que está lendo este livro pode trabalhar em qualquer uma das áreas do marketing digital, mas precisa dos números de sua operação para decidir sobre seu trabalho. Sendo assim, consumir informações sobre análise de dados, técnicas, ferramentas, entre outras novidades, é importante! Alguns profissionais nos dias de hoje também estão utilizando linguagens de programação como R e Python para desenvolver análises avançadas de seus estudos.

A formação de qualquer profissional atualmente, embora tenha várias opções, algumas não são baratas, depende de investimento significativo. Com o avanço da tecnologia e a democratização da educação, uma infinidade de recursos educacionais gratuitos está disponível para todos. A seguir, indicações de alguns recursos gratuitos para quem está estudando análise de dados, Web Analytics e ciência de dados, com referências nacionais e internacionais.

Cursos online e vídeos educativos

Algumas plataformas de educação online oferecem cursos, muitos dos quais estão disponíveis em português, que podem auxiliar os iniciantes na área. Confira:

- Métricas Boss no YouTube (*https://www.youtube.com/c/MétricasBoss*) – uma das melhores escolas de análise de dados e Web Analytics para quem trabalha com marketing digital. Possui cursos pagos, mas no YouTube dispõem diversas dicas sobre Web Analytics, Google Analytics, Looker Studio, dentre outras, que você pode acompanhar e aprender;

- Data Science Academy (*https://www.datascienceacademy.com.br/cursosgratuitos*) – disponibiliza alguns cursos gratuitos sobre Python, Data Science e Big Data. Vale a pena para quem quer se aprofundar no estudo da análise de dados;

- Coursera (*https://www.coursera.org*) – cursos de universidades internacionais, muitos oferecidos gratuitamente.

Podcasts

Podcasts e vídeos são maneiras eficientes de aprender em movimento, enquanto faz um exercício, serviços domésticos ou fica sentado, escutando um podcast e prestando atenção nas informações passadas. Alguns dos meus favoritos incluem:

- Analytics Talks (*https://open.spotify.com/show/4qP97I3OJO9vH37fWhrbB7?si=b65db867dae1487b*) – podcast do Métricas Boss;

- Pizza de Dados (*https://pizzadedados.com*) – podcast que discute data science de maneira acessível;

- Data Skeptic (*https://dataskeptic.com*) – tópicos complexos de data science explicados de forma simples;

- Xperiun | Data Analytics (*https://www.youtube.com/@Xperiun_*) – maior ecossistema de profissionais e empresas que utilizam Power BI no mercado.

Blogs, comunidades e fóruns

Comunidades online são ótimas para trocar conhecimento e fazer networking. Algumas das mais ativas incluem:

- Diário da Ciência de Dados (*https://diariodacienciadedados.com.br/*) – meu blog, onde escrevo sobre análise e ciência de dados;

- Blog do Métricas Boss (*https://metricasboss.com.br/blog-de-web-analytics*) – blog sobre Web Analytics do Métricas Boss;

- Data Hackers (*https://datahackers.com.br*) – comunidade para entusiastas de data science;

- Stack Overflow (*https://stackoverflow.com*) – fórum para programadores e cientistas de dados. Aqui você pode tirar dúvidas, principalmente se utiliza alguma linguagem como Python ou R para realização de suas análises.

Publicações acadêmicas

Livros e artigos acadêmicos são fundamentais para um entendimento profundo da área. Confira:

- SciELO (*http://www.scielo.br*) – periódicos científicos brasileiros. Aqui você pode buscar por termos como "análise de dados", "Web Analytics", entre outros relacionados, e encontrará artigos acadêmicos que poderão ajudar para que tenha mais conhecimento teórico na área. Recomendo que faça buscas, encontre artigos relevantes e estude;

- *ArXiv.org* – site da universidade de Cornell, com artigos científicos que podem ser consultados e baixados. A maioria em inglês, mas vale a pena, pois têm coisas bem interessantes ali!

Pesquisas e relatórios de apoio aos seus estudos

- Webshoppers (*https://nielseniq.com/global/pt/landing-page/ebit/nielseniq-ebit-brasil/webshoppers/*) – uma das pesquisas mais famosas para quem trabalha com e-commerce. Tem disponível a versão free, com vários dados que você pode utilizar como referência para seus estudos, e uma versão paga que vale muito a pena. Essa é a pesquisa que eu mais utilizo como referência para números do e-commerce no Brasil, pois é conhecida por muitas pessoas que trabalham na área;

- Consulta Pública de Dados Governamentais (*https://dados.gov.br/home*) – oferece acesso a uma ampla gama de dados públicos, incluindo demografia e economia. Útil, principalmente quando você quiser combinar dados de performance dos seus clientes com informações populacionais de região, características etc.;

- E-commerce Brasil (*https://www.ecommercebrasil.com.br/*) – portal com artigos, notícias e pesquisas sobre o mercado de e-commerce. Sempre utilizo esse site e suas pesquisas como referências para alguns de meus estudos. Às vezes, acontece de você estar elaborando uma linha de raciocínio e querer incluir uma pesquisa ou notícia. Para quem trabalha com e-commerce, principalmente, essa é uma boa referência;

- *Brasil.IO* – dados abertos brasileiros em formatos fáceis de usar.

CONCLUSÕES

Sophie está colhendo os frutos de sua dedicação à implementação de uma cultura de Web Analytics na PC Gamers Fantásticos. Aqui estão alguns pontos-chave do sucesso dela:

1. Organização de processos: Sophie conseguiu sistematizar e organizar os processos de Web Analytics, garantindo que cada etapa, desde a coleta de dados até a análise, seja feita de maneira consistente e eficiente;

2. Elaboração de indicadores e *dashboards* padronizados: ela criou indicadores-chave de desempenho (KPIs) e *dashboards* utilizados por todas as áreas da empresa. Isso não só padronizou como os dados são visualizados, mas facilitou a tomada de decisões baseada em dados;

3. Documentação completa: Sophie documentou cada etapa do projeto de implementação, o que garante que qualquer ajuste ou melhoria futura possa ser feita com base em registros detalhados do que foi implementado e por quê. Esta documentação é um recurso valioso para a equipe e assegura a continuidade do conhecimento dentro da empresa;

4. Colaboração e troca de ideias: a abordagem de Sophie aumentou a interação entre os colegas, que agora a procuram regularmente para trocar ideias e discutir análises. Esta colaboração tem sido fundamental para fomentar uma cultura de dados;

5. Decisões baseadas em dados: com todas as reuniões utilizando dados como base para as decisões, a empresa viu uma mudança significativa na forma como as estratégias são formuladas e executadas; e

6. Resultados financeiros: um dos indicadores mais claros do sucesso de Sophie é o comentário do CEO, Willie. Ele mencionou que, graças às análises e *insights* fornecidos por Sophie, algumas decisões tomadas resultaram em um aumento de 30% na receita da empresa.

Sophie está não apenas ajudando a empresa a crescer financeiramente, mas estabelecendo um exemplo de como a análise de dados pode transformar uma organização. O seu trabalho serve de inspiração para aqueles que desejam implementar uma cultura de dados em suas próprias empresas.

A análise de números da web vem ganhando cada vez mais força nos últimos anos. O que eu percebo é que até metodologias de data science, que eram utilizadas mais para estudos científicos, estão sendo adaptadas para previsões de números da web[78] entre outros estudos.

Com a disponibilidade de ferramentas que ajudam a captar e analisar os números, fica tudo mais fácil. O meu conselho é que você, como analista, conte sempre com as ferramentas. Elas não fazem tudo sozinhas, mas automatizam boa parte do trabalho.

Considere, principalmente quando se tratar de fontes de captação de dados, olhar para uma só ferramenta. Se você olhar para o mesmo indicador em duas ferramentas diferentes, com métodos diferentes de captação, os números não vão bater.

Outra recomendação: elabore e documente processos. Vejo muitas empresas ainda trabalhando em operações de BI sem estrutura, sem documentação.

Faça *checklist* de tudo. Isso ajudará nos seus testes e análises, além disso, vão garantir que você não esqueça de nada.

Você pode deixar pronto modelos-padrão de documentos que utilizará no seu dia a dia. A finalidade é ajudar você a se organizar e criar fluxos de trabalho mais inteligentes.

Por mais que existam documentos e processos, entenda que as pessoas fazem parte do sistema, sendo assim, confie na tecnologia, mas não entregue sua vida na mão dela. "Saia detrás das máquinas"! Converse com as pessoas, com o seu cliente. Eu já cometi erros por considerar somente os números e os dados que me eram disponibilizados. Busque ajuda das pessoas para entendê-los amplamente. Informação sem contexto é só um dado.

Continue estudando. Se existe algo que fará com que você cometa cada vez menos equívocos, é a sua constante atualização. Leia livros, assista a palestras, faça cursos para se atualizar, frequente grupos

---

78 Saiba mais sobre isso em: https://diariodacienciadedados.com.br/livro-programacao-linguagem-r/.

de discussão sobre o tema, ouça podcasts, tudo isso são formas de estudar.

Você pode ter um blog para testar o que aprendeu (eu faço isso) ou mesmo um site de teste. Formule suas hipóteses e anote suas conclusões.

Por fim, a profissão de analista de BI especialista em Web Analytics exige que você seja um eterno questionador. Não me refiro a um chato que critica e questiona tudo, mas um profissional que, através da análise de números, possa a elaborar perguntas interessantes e a estimular a equipe a encontrar grandes joias de informações no meio de um monte de dados.

Espero que este livro ajude você nesta caminhada!

Até o próximo!

ANEXOS

Propostas de indicadores que o analista de Web Analytics pode utilizar para cada uma das áreas com potencial de trabalho no marketing digital. ATENÇÃO! Esses indicadores representam somente uma ideia inicial, logicamente existem outros que devem ser considerados!

Indicadores para busca orgânica

INDICADOR PRINCIPAL	IMPORTÂNCIA	FREQUÊNCIA DE MEDIÇÃO	CHECK
Posições de palavras-chave	Mede a posição das palavras-chave no ranking de busca.	Semanal	[ ]
Tráfego orgânico	Quantidade de visitantes que chegam ao site por busca orgânica.	Semanal	[ ]
Taxa de cliques (CTR)	Avalia a proporção de cliques em relação às impressões das SERP (*Search Engine Results Page*).	Semanal	[ ]
Taxa de Cconversão	Mede quantos visitantes orgânicos realizam uma ação desejada.	Mensal	[ ]
Tempo médio na página	Indica o tempo que os visitantes passam em uma página.	Mensal	[ ]
Páginas por sessão	Mede o número médio de páginas visitadas por sessão.	Mensal	[ ]
Novos visitantes	Quantidade de novos visitantes que chegam ao site por busca orgânica.	Mensal	[ ]
Backlinks	Número e qualidade dos links que apontam para o site.	Mensal	[ ]
Autoridade do domínio	Indica a força do domínio no ranking dos motores de busca.	Mensal	[ ]

Indicadores para campanhas

INDICADOR PRINCIPAL	IMPORTÂNCIA	FREQUÊNCIA DE MEDIÇÃO	CHECK
Alcance	Mede quantas pessoas viram seu conteúdo.	Semanal	[ ]
Impressões	Quantidade de vezes que seu conteúdo foi exibido.	Semanal	[ ]
Engajamento	Indica o nível de interação (curtidas, comentários, compartilhamentos).	Semanal	[ ]
Taxa de cliques (CTR)	Avalia a efetividade dos links nos posts.	Semanal	[ ]
Crescimento de seguidores/ inscritos	Acompanha o crescimento da audiência ao longo do tempo.	Mensal	[ ]
Desempenho dos anúncios	Verifica a eficácia das campanhas pagas.	Mensal	[ ]
Tráfego referenciado	Mede o tráfego gerado para o seu site pelas redes sociais.	Semanal	[ ]
Taxa de conversão	Determina quantos seguidores realizam uma ação desejada.	Mensal	[ ]
Taxa de rejeição	Verifica a porcentagem de usuários que saem rapidamente da página.	Semanal	[ ]

Indicadores para redes sociais

INDICADOR PRINCIPAL	IMPORTÂNCIA	FREQUÊNCIA DE MEDIÇÃO	CHECK
Alcance	Mede quantas pessoas viram seu conteúdo.	Semanal	[ ]
Impressões	Quantidade de vezes que seu conteúdo foi exibido.	Semanal	[ ]
Engajamento	Indica o nível de interação (curtidas, comentários, compartilhamentos).	Semanal	[ ]
Taxa de cliques (CTR)	Avalia a efetividade dos links nos posts.	Semanal	[ ]
Crescimento de seguidores/inscritos	Acompanha o crescimento da audiência ao longo do tempo.	Mensal	[ ]
Desempenho dos anúncios	Verifica a eficácia das campanhas pagas.	Mensal	[ ]
Tráfego referenciado	Mede o tráfego gerado para o seu site pelas redes sociais.	Semanal	[ ]
Taxa de conversão	Determina quantos seguidores realizam uma ação desejada.	Mensal	[ ]
Taxa de rejeição	Verifica a porcentagem de usuários que saem rapidamente da página.	Semanal	[ ]

Indicadores de e-mail marketing

INDICADOR PRINCIPAL	IMPORTÂNCIA	FREQUÊNCIA DE MEDIÇÃO	CHECK
Taxa de abertura	Mede a porcentagem de e-mails abertos em relação ao total enviado.	Semanal	[ ]
Taxa de cliques (CTR)	Avalia a proporção de cliques nos links dos e-mails em relação ao total de aberturas.	Semanal	[ ]
Taxa de conversão	Mede quantos destinatários realizam uma ação desejada após clicarem no e-mail.	Mensal	[ ]
Taxa de rejeição	Verifica a porcentagem de e-mails que não foram entregues.	Semanal	[ ]
Taxa de cancelamento de assinatura	Indica a porcentagem de destinatários que se descadastraram.	Mensal	[ ]
Taxa de crescimento da lista	Mede o crescimento ou diminuição da lista de e-mails ao longo do tempo.	Mensal	[ ]
Taxa de engajamento	Mede a interação dos destinatários com o conteúdo do e-mail (respostas, compartilhamentos).	Mensal	[ ]
Receita por e-mail enviado	Avalia a receita gerada por cada e-mail enviado.	Mensal	[ ]
Taxa de E-mails marcados como spam	Verifica a porcentagem de e-mails marcados como spam pelos destinatários.	Semanal	[ ]
ROI (Retorno sobre Investimento)	Calcula o retorno financeiro obtido em relação ao investimento realizado nas campanhas de e-mail.	Mensal	[ ]

REFERÊNCIAS

ALVES, E. B. *Sistemas de informações em marketing: Uma visão 360° das informações mercadológicas*. Curitiba: Intersaberes, 2018.

CARDOSO, V.; CARDOSO, G. *Sistema de banco de dados*. São Paulo: Saraiva, 2012.

DAVENPORT, Thomas H.; HARRIS, Jeanne G. *Competing on Analytics: The New Science of Winning*. Boston: Harvard Business School Press, 2007.

DEMING, W. Edwards. *Out of the Crisis*. Cambridge: MIT Press, 1982

DUARTE, Nancy. *Data Story: Explique dados e inspire ações por meio de histórias*. 1. ed. São Paulo: HarperCollins Brasil, 2019.

DRUCKER, Peter F. Management: *Tasks, Responsibilities, Practices*. Nova York: Harper & Row, 1973.

ELMASRI, R.; NAVATHE, S. B. *Sistemas de banco de dados*. 7. ed. São Paulo: Pearson Education do Brasil, 2018.

ESTEVES, Gustavo. *Menos achismo, mais dados: Um guia prático de como transformar dados em decisão*. São Paulo: DVS Editora, 2023.

FORMAGGIO, Erick Beltrami. *SEO – Search Engine Optimization: Conceitos, práticas e casos importantes*. 1. ed. São Paulo: DVS Editora, 2023.

FRANCISCHINI, Andressa S. N.; FRANCISCHINI, Paulino G. *Indicadores de desempenho*. Rio de Janeiro: Alta Books, 2017.

Guia de indicadores aplicados ao varejo. Sebrae. Disponível em: https://www.sebrae.com.br/Sebrae/Portal%20Sebrae/Anexos/Download/Guia_de_Indicadores_para_Varejo.pdf. Acesso em: julho de 2022.

KNAFLIC, Cole Nussbaumer. *Storytelling com dados: Um guia sobre visualização de dados para profissionais de negócios*. Rio de Janeiro: Alta Books, 2018.

LAUDON, K. C.; LAUDON, J. P. *Sistemas de informações gerenciais.* 7. ed. São Paulo: Prentice Hall, 2007.

LINDSTROM, Martin. *Small data:* Como poucas pistas indicam grandes tendências. 1. ed. São Paulo: HarperCollins, 2016.

PINTO, Marcus Vinícius. *Simplificando big data em 7 capítulos*, 2021.

PORTER, M. E. (1985). *Competitive Advantage: Creating and Sustaining Superior Performance.* Nova York: Free Press.

SHARDA, Ramesh; DELEN, Dursun; TURBAN, Efraim. *Business Intelligence e análise de dados para gestão do negócio.* 4. ed. Porto Alegre: Bookman, 2019.

SNOWDEN, D. J.; BOONE, M. E. A *Leader's Framework for Decision Making.* Harvard Business Review, nov. 2007. Disponível em: https://hbr.org/2007/11/a-leaders-framework-for-decision-making.

TUKEY, John W. *Exploratory Data Analysis.* Reading, MA: Addison-Wesley, 1977.

WICKHAM, Hadley; GROLEMUND, Garrett. R para *Data Science: Importe, arrume, transforme, visualize e modele dados.* Rio de Janeiro: Alta Books, 2019.

YANAZE, M. H. *Gestão de marketing e comunicação: Avanços e aplicações.* 2. ed. São Paulo: Saraiva, 2011.

• • • ○   LEIA TAMBÉM: ○ • • •

SEO – Search Engine Optimization: Conceitos, práticas e casos importantes.

www.dvseditora.com.br

Impressão e Acabamento | Gráfica Viena
Todo papel desta obra possui certificação FSC® do fabricante.
Produzido conforme melhores práticas de gestão ambiental (ISO 14001)
www.graficaviena.com.br